D1928644

Kay Sebastian Frohnert

CHIMOVE

Dein Drehbuch für ein erfülltes Leben

Inhalt

Wir können dem Glück
und der Erfüllung einen Platz
in unserem Leben geben.
Jederzeit.

Chimove – Warte nicht darauf, dass dein Leben dich erfüllt. Erfülle es selbst.

Unsere schöpferische Kraft

Wir haben Zugang zu einer Fülle an Informationen. Es steht uns Wissen zur Verfügung, welches bis vor einigen Jahrzehnten nur einigen Menschen zugänglich war. Gerade durch dieses immense Angebot fällt die persönliche Wahl schwer. Uns fehlt der Überblick. Selbst, wenn wir uns für einen Weg entschieden haben. Wir leben nicht in einem abgeschiedenen Kloster. Die alltäglichen Aufgaben fordern unsere Aufmerksamkeit. So kann es sein, dass wir eine Vision für unser Leben haben, die wir jedoch im Alltag nicht umsetzen.

» Die Tür steht uns offen! Gehen wir hindurch?

Ich bin überzeugt von unserer Fähigkeit, glücklich und erfüllt zu leben. Es liegt in unserer Natur, unsere Wünsche umzusetzen.

In diesem Buch findest du Ideen und praktische Ansätze für einen erfüllten Lebensweg.

Die Ideen haben sich in meinen Kursen und Seminaren bewährt. Die Übungen brachten in der Praxis eine überzeugende Wirkung. Erfahrungen, die ich mit dir teilen möchte.

Du kannst dich Kapitel für Kapitel durch das Buch leiten lassen und die Ideen in deinem Leben umsetzen. Die einzelnen Themen ergänzen sich, können jedoch auch jede für sich praktiziert werden. Wähle das, was zu deinem Weg passt. Wie bei einem Rezept-Buch, aus dem du kochst, worauf du gerade Appetit hast.

Die Weisheit der einfachen Schritte

Komplexe Praktiken mit durchdachten Übungsserien scheinen uns sehr wirksam und sind deshalb verlockend. Schon viele Menschen haben davon profitiert. Diese Wege brauchen Zeit und Kraft. Das ist in Ordnung, wenn wir entsprechend Raum, Kraft und Zeit haben. Im täglichen Leben fällt es uns oft schwer, diesen Raum zu schaffen. Wir finden keinen Weg, unser theoretisches Wissen in unseren Alltag zu integrieren. Das Wissen ist da, aber es kann keine Kraft entfalten.

Meiner Erfahrung nach reichen klare und einfache Ideen, um unser Leben erfüllt zu leben. Solche Ideen findest du in diesem Buch. Durch einfache Schritte wird unser Wissen zu Erfahrung. Durch kleine Erinnerungen finden wir unseren Weg. Auf diese Weise können wir unglaublich viel erreichen.

Nehmen wir einmal an, wir wollen unsere Bewegungsgewohnheiten ändern. Aus gesundheitlichen Gründen, aus Gründen der Leistungsfähigkeit oder auf gesteigerte Lebensqualität ausgerichtet. Wir können die Erkenntnis in einem Satz zusammenfassen: „Ich ändere meine Bewegungsgewohnheit!" Selbst wenn die Erkenntnis mühelos in einen Satz passt, der Weg zur Umsetzung ist nicht unbedingt leicht. Doch wir können es uns einfacher machen.

Genau hier profitieren wir von der Weisheit der einfachen Schritte. Wenn wir uns vornehmen, uns einmal am Tag gründlich zu recken und zu strecken, dann kann das jeder von uns umsetzen. Wir machen uns das „Recken und Strecken" zu einer lieben Gewohnheit. Das dauert zwei Minuten am Tag. Alle anderen Gewohnheiten dürfen wir beibehalten. Wenn dieser Schritt getan ist, denken wir einen Schritt weiter. Vielleicht gehen wir kleine Strecken zu Fuß und nehmen die Treppe, anstatt mit dem Fahrstuhl zu fahren. Alles andere läuft den gewohnten Gang. Nur kurze Strecken zu Fuß gehen. Das ist konkret und umsetzbar, oder?!

Ein Schritt ist besser,
als kein Schritt.

Diese kleinen Gewohnheiten können wir überprüfen. Wir gönnen uns ein Erfolgserlebnis und setzen täglich unsere Idee um. Vielleicht bekommen wir nach einiger Zeit Lust, etwas für eine gesunde Ernährung zu tun. Dann können wir jeden Tag einen Apfel essen. Wir essen weiterhin, was uns schmeckt. Nur einen Apfel oder ein anderes Obst am Tag. Das ist machbar, oder?!

Wenn uns der tägliche Apfel zu einer lieben Gewohnheit geworden ist, dann können wir einen Schritt weiter gehen. Vielleicht essen wir nach 18 Uhr keine schweren Mahlzeiten mehr. Alle Gewohnheiten dürfen wir behalten. Nur abends achten wir auf leichte Kost ...

Wenn wir kleine Änderungen mit Mut, Hingabe und Begeisterung praktizieren, dann sammeln sie sich an. Ein kleiner Schritt kommt zum nächsten. Die Schritte werden zur Gewohnheit. Und unsere Gewohnheiten drücken mehr und mehr aus, was wir leben wollen. Unser Wissen entfaltet seine Kraft mitten im Leben. Als Kinder haben wir auf diese Art und Weise laufen gelernt! Warum sollten wir diese Taktik nicht weiterhin erfolgreich nutzen?! Die Weisheit der einfachen Schritte.

» Mit einfachen Schritten erreichen wir Wunderbares.

Ideen zum Er-Leben

Die Ideen in diesem Buch wurden schon von vielen Menschen vor uns praktiziert. Und sie haben sich bewährt. Im Verlaufe der Praxis haben sie sich entwickelt und an die Zeiten angepasst. So wurden die Ideen durch Generationen weitergegeben.

Lasse dich zum Handeln inspirieren. Wenn du eine Idee findest, die dich anspricht, dann widme dich diesem Thema mit Hingabe. Dadurch machst du deine eigenen Erfahrungen. Schenke dir selbst die Freiheit und entwickele die Übungen für dich weiter. So bleiben sie lebendig und passen in dein Leben. Gelebte Tradition ist lebendige Tradition.

Du erarbeitest dir Werkzeuge, mit denen du dein Leben bewusst gestalten kannst. Im passenden Moment erinnerst du dich und packst das passende Werkzeug aus. So erleichterst du dir deinen persönlichen Weg. Und du entwickelst mitten in den Herausforderungen des Lebens einen neuen Zugang zu dir selbst. Ein Weg, der es dir ermöglicht, auch in schwierigen Momenten glücklich und erfüllt zu sein.

Praxis – aktiv werden

Zu den einzelnen Themen stelle ich dir Übungen vor, mit denen du die Ideen in dein Leben holen kannst. Es sind Übungen, mit denen viele meiner Schüler gute Erfahrungen gemacht haben. Lass dich anregen und mache deine Erfahrungen.

Wenn dich eine Alltagsidee interessiert, dann nimm sie mit in dein Leben. Schaue, welche Praxis in deinem Alltag funktioniert. Wenn du dich für einen Weg entschieden hast, dann fokussiere deine kreative Energie. Lass dich nicht ablenken. Akzeptiere kein „Nein" als Antwort. Wenn ein Weg dich nicht zum Ziel führt, dann passe die Übung deinen Bedürfnissen an und finde einen neuen Weg. Bleibe konsequent und versuche es weiter. Der Alltag wird deine Überzeugung in Frage stellen. Mache dir selbst das Geschenk deiner Ausdauer und Achtsamkeit.

Finde deine persönliche Idee und werde aktiv!

Beginne mit dem, was möglich ist. Auf den ersten Blick erdrückt uns der Berg, doch den Gipfel erreichen wir Schritt für Schritt. Viele kleine Erfolge ergeben in Summe eine große Veränderung. Kleine Schritte und große Wirkung.

Auch der weiteste Weg
kann in kleinen Schritten gegangen werden.

Dazu braucht es nicht unbedingt riesige Kraftanstrengungen. Nutze kleine Dinge, die du im Alltag umsetzen kannst. Ich bin immer wieder erstaunt über die Wirkung dieser einfachen Weisheit. Bleibe konsequent auf deinem Weg. Doch lasse dir genug Zeit für deinen Weg. So, dass du noch Platz für ein Lächeln hast.

Auch die größten Ziele
können mit einem Lächeln erreicht werden.

Unsere Freude bei der Erfüllung der täglichen Aufgaben gibt uns die Möglichkeit, schon auf dem Weg zu unseren Zielen glücklich zu sein. Du erfüllst dein Leben mit dir selbst und hast dabei „sogar“ noch Freude. Das ist möglich und sehr erfüllend. Diese Erfahrung durfte ich schon mit vielen Menschen teilen. Und sie begeistert mich immer wieder.

Kleine und einfache Schritte mit einem Lächeln

Persönliches Notizbuch

Es wird Übungen geben, in denen du deine Ideen und Erkenntnisse aufschreibst. Wenn du möchtest, dann besorge dir ein kleines Heft, in dem deine Gedanken Platz finden. Es kann Freude bereiten, in ein schönes Heft zu schreiben. Beim Aufschreiben gehen die Ideen noch einmal durch deinen Körper. Du kannst spüren, ob sie wirklich zu dir passen. Du findest die passenden Worte und lernst dich auf diesem Weg besser kennen.

Deine Notizen erinnern dich. Sie können dir ein Anker sein und es ist sehr interessant, nach einiger Zeit mal wieder seine eigenen Ideen und Erkenntnisse zu lesen.

Eine Woche für den persönlichen Weg

Wenn wir uns einer Idee eine Woche lang jeden Tag widmen, dann machen wir unsere persönliche Erfahrung im Alltag. Wir spüren an welchen Stellen die Idee unser Leben berührt. Selbst, wenn wir die Idee in dieser Woche nicht komplett in unserem Leben umsetzen können, so ist die Idee doch angekommen. Wie ein Same, der zur passenden Zeit seine Wurzeln schlägt und das volle Potenzial entfaltet.

In der ersten Woche bekommen wir einen ersten Geschmack dieses Potenzials.

30 Tage und die Idee schlägt Wurzeln

Mit vielen Übungen können wir innerhalb einer Woche schon sehr interessante Erfahrungen machen. Manchmal ist eine neue Idee so klar, dass sie schon nach dem ersten Mal im täglichen Leben Wurzeln schlägt. In diesem Fall reicht eine einzige Erfahrung und die Idee zeigt in unserem Leben Wirkung.

Komplett neue Ideen sind zu Beginn noch recht ungewohnt. Danach zu handeln, fühlt sich komisch an. Durch Regelmäßigkeit und Geduld wachsen und gedeihen auch neue Erkenntnisse in unserem Alltag. 30 Tage sind der Erfahrung nach ein Zeitraum, in der sich die Idee in unserem Leben verwurzelt und auf diese Weise lebensfähig wird. Wir finden eine Art, unsere Vorstellungen im Alltag umzusetzen. Auf diesem Weg sind täglich 10 Minuten sehr wirksam.

Es ist wie mit neuen Schuhen, die zwar passen, aber noch ungewohnt sind. Nach 30 Tagen sind sie schon viel bequemer. In neuen Wanderschuhen laufen wir zu Beginn auch erst kurze Strecken und machen nicht gleich eine Gipfelwanderung.

Danach kostet es uns viel weniger Kraft, unsere Idee weiter zu leben. Die neue Idee ist kräftig genug, um auch mal eine stressige Phase zu überstehen.

100 Tage und es geschehen „Wunder"

Wenn wir mit einer neuen Idee auf eine alte Gewohnheit stoßen, dann brauchen wir mehr Zeit und Raum für unseren Weg. Feste Gewohnheiten sind so geübt, dass sie sich immer wieder durchsetzen. Wenn wir uns dessen bewusst sind, dann überrascht es uns nicht, wenn uns die alte Gewohnheit immer wieder überrumpelt und unsere Geduld testet.

Ein gute Taktik ist es, wenn wir uns einen Zeitraum von 100 Tagen im Kalender markieren. Für jeden Tag, den wir unsere innere Überzeugung gelebt haben, zeichnen wir ein „!" in unseren Kalender. Und an den Tagen, an denen wir uns ablenken lassen, zeichnen wir ein "?" in den Kalender. Für jeden verpassten Tag hängen wir zwei weitere Tage an unsere Praxiszeit. Es geht nicht um die Anzahl an Tagen, die wir unsere Übungen praktizieren „müssen". Wir müssen nicht! Wenn, dann wollen wir. Wie lange wir auch praktizieren. Hingabe und Überzeugung sind die Grundzutaten für unsere Praxis.

Hingabe – begibst du dich
mit deinem ganzen Wesen auf den Weg?!

Überzeugung – meinst du aus vollem Herzen, was du denkst, sagst und tust?!

Durch die Praxis der 100 Tage schenken wir uns selbst den Freiraum, in eine neue, stimmige Art zu Sein hineinzuwachsen. Das „?“ steht für die Frage „Was ist mir jetzt wirklich wichtig?“ „Was drückt mich jetzt zu 100% aus?“ Das „!“ steht für „Genau so!“

Nach einiger Zeit überschreiten wir eine innere Schwelle. Die neue Art zu sein, ist völlig natürlich. Bei anderen Vorhaben werden die “!“ von Monat zu Monat mehr. Dann gönnen wir uns die Zeit und bleiben konsequent. Immerhin haben wir unsere Gewohnheit manchmal über Jahre hinweg „geübt“.

Wir nutzen die Kraft der einfachen kleinen Schritte!

Und wenn wir in einer stressigen Woche einmal nichts erreicht haben, dann klopfen wir uns innerlich selbst auf die Schulter und starten erneut. Es ist unser Leben. Es lohnt sich, weiterzugehen. Wir sind Meister, die üben. Fehler und Rückschläge gehören dazu.

Wir sind Meister, die üben.

Das Geschenk

Denke über dein Leben, was du willst.
Du bestimmst deine Realität.

Wir haben die Freiheit, uns für unsere Einstellung zum Leben zu entscheiden. Das kann unbewusst passieren oder wir machen es bewusst. Unsere innere Haltung beeinflusst unser Denken, Fühlen und Handeln. Egal, ob uns diese Idee vom Leben bewusst ist oder nicht, mit ihr geben wir unserem Leben den Sinn.

Wir geben unserem Leben den Sinn.

Wenn wir den Mut finden, das Geschenk des Lebens genau anzuschauen, eröffnen wir uns selbst den Weg zu unserer Kraft. Der schöpferischen Kraft, ein glückliches und erfülltes Leben zu leben. Eine bewusste Einstellung zum Leben ist Teil dieser Kraft.

Unsere Einstellung zum Leben öffnet uns viele Türen.

Sinn

Wir geben unserem Leben Sinn.
Ob wir wollen oder nicht.

Zu unserer Geburt bekamen wir unser Leben geschenkt. Eigentlich begann die Geschichte schon etwas früher, doch bleiben wir mal bei dem Geschenk unseres Geburtstages. Da ist es nun, unser Leben. Und es ist, wie mit allen Geburtstagsgeschenken. Wir können uns über die Vorteile freuen. Wir können uns über die Nachteile ärgern. Die Entscheidung steht uns frei. Es macht jedoch Sinn, wenn wir uns darüber im Klaren sind, was wir gut finden und was uns an unserem Geschenk nicht gefällt.

Die Wirkung dieser Einstellung ist sehr wichtig. So, wie wir über unser Leben denken, so werden wir es auch behandeln. Wenn wir uns auf die Nachteile konzentrieren, dann entgehen uns vielleicht die einzigartigen Möglichkeiten, die wir haben.

Wir erfüllen unser „Geschenk" mit unserer Idee vom Leben. Auf diese Weise geben wir unserem Leben den Sinn. Ob diese Idee nun zu uns passt oder nicht. Ob wir die Idee unserer Eltern übernehmen oder unsere eigene finden. Wir können nicht anders. Wir behandeln das Leben so, wie wir es einschätzen.

So, wie du etwas einschätzt, so wirst du es behandeln.

Es lohnt sich, eine bewusste Einstellung zum Leben zu finden. Mit einer klaren Einstellung zum Leben schenken wir uns selbst eine solide Basis. Ein Fundament, auf dem wir unser persönliches Leben aufbauen.

Welchen Sinn gibst du deinem Leben?

ÜBUNG

Die Kraft der Klarheit

Was ist dein Standpunkt zu deinem Leben?

Ist es für dich ein biologischer Zufall?
Ist es für dich eine reine Abfolge chemischer Prozesse?
Ist dein Leben für dich der Wille Gottes?
Ist es für dich der Wille einer höheren Intelligenz?
Ist es das Projekt einer Seele, die Erfahrungen in der materiellen Welt machen will?

Nimm dir Zeit für eine klare Antwort. Finde deine persönliche Einstellung zum Geschenk des Lebens. Gib die Antwort nur für dich selbst. Du musst sie nicht erklären und begründen können. Sie muss einfach zu dir passen. So, wie du dich entwickelst, so wird sich auch deine Sicht auf das Geschenk des Lebens entwickeln. Gönne dir die Klarheit über deinen Standpunkt zu deinem Leben.

Schreibe deine aktuelle Sicht so deutlich wie möglich auf. Wenn du deine Idee in klare Worte fasst, dann zeigt sich vielleicht schon der Zusammenhang deiner inneren Haltung mit deinen Entscheidungen und Handlungen. Lasse Raum für Veränderung. Das Leben entwickelt sich und du auch.

Viel Freude und Klarheit!

Dankbarkeit

Die Wunder des Lebens entdecken wir
mit einem dankbaren Herzen.

Die Freiheit, unser Leben zu sehen, wie wir möchten, schenkt uns Macht. Wir können unser Leben als göttliche Gabe betrachten, als lästige Pflicht, als schrecklichen Fluch. Wir können unser Leben dankbar annehmen oder ablehnen. Was wir auch tun, es bleibt unser Leben. Und wir haben die Macht, es zu nehmen, wie wir wollen. Unsere Einstellung verändert unser Er-Leben.

Unsere Energie folgt unserer Aufmerksamkeit. Wir können es sogar schaffen, uns so auf die unangenehmen Seiten unseres Lebens zu konzentrieren, dass wir die schönen Momente nicht mehr bemerken. Auch das ist ein Beweis für unsere Kraft. Doch ist uns das dienlich?

Unsere Energie folgt unserer Aufmerksamkeit.
Womit wollen wir unser Leben erfüllen?

Ein dankbarer Umgang mit dem Geschenk des Lebens ist eine gute Startposition für einen erfüllten Lebensweg. Wenn wir dankbar auf unser Leben schauen, dann schenken wir der kreativen Seite unseres Lebens Kraft. Durch konsequente, ehrliche und gelebte Dankbarkeit geben wir unserer Lebenskraft eine Richtung. Eine dankbare Lebenshaltung ist ein Schlüssel für einen glücklichen und erfüllten Lebensweg.

„Dankbarkeit" ist zuerst einmal nur ein Wort. Wir haben alle unsere persönlichen Erfahrungen mit dem Thema Dankbarkeit. Aus diesem Grund sind wir selten neutral, wenn es um Dankbarkeit geht. In unserer Gesellschaft wird Dankbarkeit oft als etwas verstanden, was wir sein müssen. „Danke" zu sagen, ist Teil unserer Erziehung.

Manchmal wird Dankbarkeit als Schuld begriffen. Wenn wir Etwas bekommen, dann müssen wir dafür dankbar sein. Das ist keine wirkliche Dankbarkeit. Es ist ein Handel. Du bekommst etwas und musst einen Preis dafür zahlen. Das ist Pflichterfüllung. Doch ein Dank aus Pflichterfüllung ist keine Dankbarkeit. Es kann Höflichkeit sein. Oder Berechnung. Oder Konfliktvermeidung. Oder Unterwerfung.

Dankbar sein statt dankbar tun!

Solange wir eine Pflicht erfüllen, kommen wir nicht in den Bereich der freien Entscheidung. Wirkliche Dankbarkeit ist keine Handelsware. Dankbarkeit entfaltet ihre wahre Kraft, wenn wir uns dafür entscheiden. Wenn wir die Dankbarkeit wirklich fühlen. Das passiert, wenn wir erkennen, wofür wir dankbar sind! Dazu brauchen wir nur unser Leben zu betrachten.

ÜBUNG

Der dankbare Blick

Betrachte dein Leben. Nimm dir eine Woche Zeit. Schon fünf Minuten am Tag schaffen den Raum für eine persönliche kraftvolle Entscheidung. Wofür bist du dankbar? Schenke deiner Dankbarkeit deine innere Überzeugung. So bekommt sie die Kraft, dein Leben zu transformieren.

Schreibe dir jeden Abend fünf Dinge auf, für die du dankbar bist. Vielleicht fällt dir das zu Beginn schwer, doch nach einiger Zeit wirst du mit Leichtigkeit 20 Sachen finden, für die du dankbar bist. Schreibe sie auf und genieße, wie du dich dabei fühlst.

Du schreibst diese Sachen für dich auf. Durch das Schreiben gehen die Gedanken und Gefühle noch einmal durch deinen Körper und du kannst sie bewusst beobachten. Du schenkst dir Zeit, dein Leben mit der Kraft deiner Dankbarkeit zu erfüllen.

Ein dankbarer Blick kann Welten verändern!

Umfassende Dankbarkeit

»Kein Geschenk ist zu klein,
um nicht dankbar dafür sein zu können.

Bestimmt sind dir in den letzten Tagen viele Momente aufgefallen, in denen du deine Dankbarkeit spüren konntest. Wenn du diese Momente aufschreibst, dann rückst du sie in dein Bewusstsein. Du kannst beobachten, was in Dankbarkeit wirklich passiert.

Vielleicht ist Dankbarkeit auch ein ganz selbstverständlicher Teil deiner Haltung. Lass uns noch einen Schritt tiefer gehen. Folgende Fragen können dir eine Anregung sein. Vielleicht findest du neue Aspekte deines Lebens, für die du dankbar bist. Dinge, die du für selbstverständlich hältst? Dinge, die „nicht des Dankes wert" sind? Was beziehst du alles in deine Dankbarkeit mit ein?

Bist du dankbar für deinen Körper mit allen Kleinigkeiten?
Auch den „Schwächen"?
Bist du dankbar für dein Leben mit allen Ereignissen?
Auch den unangenehmen Momenten?
Was ist mit der Sonne? Bist du dankbar für das Licht der Sonne?
Was ist mit der Luft? Bist du dankbar für die Luft, die du atmest?
Bist du auch für scheinbar selbstverständliche Dinge dankbar?
Bist du für die kleinen alltäglichen Momente in der Familie und unter Freunden dankbar?
Bist du für kleine Gesten der Zuneigung dankbar?

Es geht hier nicht um die Erfüllung der Pflicht so dankbar zu sein, wie es nur geht. Das Leben ist kein Wettkampf mit „höher, weiter und schneller", auch wenn es manchmal den Anschein hat. Es gibt keine kosmische Ziellinie, durch die wir möglichst dankbar sausen müssen. Auch ist es keine spirituelle Pflicht, besonders dankbar zu sein. Und doch ist Dankbarkeit eine wundervolle Möglichkeit, unser Leben erfüllt zu leben. Wir ernten, was wir säen.

» Dankbarkeit ist wie ein Samen, der in deinem Leben aufgeht und erblüht.

ÜBUNG

Der Stein der Dankbarkeit

Vielleicht fallen dir in deinem Leben Dinge auf, über die du dich freust. Kleine Wunder, die schon fast selbstverständlich waren. Alltägliche Momente, die im Lichte deiner Aufmerksamkeit ihren Wert offenbaren. Gönne dir jeden Abend Zeit und erinnere dich daran.

Finde einen ruhigen Platz. Wähle einen Gegenstand, den du magst. Das kann ein schöner Stein sein. Oder ein Schmuckstück, welches du gerne trägst. Mache es dir bequem. Halte den Gegenstand in beiden Händen und erinnere dich an die Momente, für die du dankbar bist.

>

Atme langsam und tief durch. Genieße das dankbare Gefühl und lasse es durch deinen Körper fließen. Lasse die Schwingung deiner Dankbarkeit auch in den Gegenstand fließen. Lade ihn mit der Kraft der Dankbarkeit auf.

Dann lege den Gegenstand neben dein Bett. So, dass du ihn beim Aufwachen siehst. Erinnere dich am Morgen an deine Dankbarkeit für die großen und kleinen Wunder des Lebens. Das Schmuckstück kannst du im Alltag bei dir tragen und dich an die Kraft der Dankbarkeit erinnern.

Fülle deinen Gegenstand
mit der Kraft der Dankbarkeit.

Nein Danke

Manchmal ist ein „Nein“ das „Ja“ zum Leben.

Wir treffen täglich Entscheidungen. Auch wenn wir es nicht wollen. Man sagt, wenn eine Tür sich schließt, dann öffnet sich auch eine neue. Doch wir müssen nicht durch jede Tür gehen. Oft stehen uns mehrere Möglichkeiten offen. Wir können nicht gleichzeitig in verschiedene Richtungen gehen. Das geht in unserer dualen Welt nicht. Selbst, wenn wir uns nicht entscheiden. Dann treffen wir die Entscheidung, anderen die Entscheidung zu überlassen.

Das Leben bietet uns immer wieder Möglichkeiten, die uns nicht entsprechen. Für diese Angebote können wir dankbar sein. Warum? Weil wir ohne sie nicht entscheiden könnten, wer wir sind und wer nicht. Wenn es nichts gäbe, das wir nicht sein wollen, wer wären wir dann? Es fällt nicht immer leicht, unpassende Angebote dankbar anzuschauen. Die Angebote kommen nicht auf dem Silberteller und sind dennoch wertvoll. Wir können erkennen, welche Möglichkeit zu uns passt. Und wir können „Ja, bitte!“ oder „Nein, danke!“ sagen.

Wir müssen nicht durch jede Tür gehen, die sich uns öffnet.

Die Fülle des Lebens ist deshalb die Fülle, weil sie nicht auf eine Auswahl beschränkt ist. Wenn wir unsere Dankbarkeit auf die angenehmen Bereiche des Lebens reduzieren, dann reduzieren wir unseren Blick auf einen Teil des Lebens. Damit beschneiden wir unnötig unsere Kraft.

Wenn wir vom Leben ein Angebot bekommen, welches uns nicht entspricht, dann zeigen wir mit einem dankbaren „Nein“, was wir nicht wählen. Und wir können die Chance nutzen, um mit einem klaren“Ja!“ zu zeigen, wo unsere Idee vom Leben liegt.

Sage dankbar „Nein!“.
Erfülle dein Leben mit einem „Ja!“.

ÜBUNG

„Nein danke“

Setze dich an einen ruhigen Ort. Mache es dir bequem und atme tief durch. Betrachte deine aktuelle Lebenssituation. Vielleicht findest du in entscheidenden Situationen den Raum für diese Übung. Betrachte die Möglichkeiten, die dir das Leben gerade bietet.

Wenn du viele Angebote hast, dann schreibe sie auf. Gönne dir einen Überblick. Mache keine Ausnahmen. Schreibe auch total absurde Möglichkeiten auf. Beziehe alle Angebote mit ein, die du am Tag erhalten hast. Beziehe auch Angebote aus der Vergangenheit ein, an die du dich erinnerst. Manchmal lehnen wir Chancen im Leben ab, weil wir die darin verborgene Möglichkeit nicht erkennen. Manchmal gehen wir an offenen Türen vorbei, weil wir nicht erkennen, dass sie für uns geöffnet sind. Betrachte alle Angebote, die du findest. Wenn du wirklich hingeschaut hast, entscheide dich. Finde dein „Ja bitte!“ oder „Nein danke!“.

Wenn du dir nicht sicher bist, dann nutze deine innere Wahrnehmung. Fasse die Möglichkeit in Worte. Atme tief durch und sage laut: „Ja, das nehme ich an!“ Oder „Ja, das mache ich!“ Dann sage „Nein, das lehne ich ab!“ / „Nein, das lasse ich sein!“ Spüre, wie du dich dabei fühlst.

» Bei welcher Entscheidung lacht dein Herz?

>

Gönne dir regelmäßig Klarheit über die Möglichkeiten deines Lebens. Räume unter deinen Möglichkeiten auf! Mit der Zeit entwickelst du die Kraft, die Angebote des Lebens in Ruhe anzuschauen. Egal, wie hektisch der Alltag sein mag. Du nimmst dir deine Zeit, atmest tief durch, lässt dich nicht unter Druck setzen. Prüfe dein inneres „Nein danke!" und dein „Ja bitte!". Dann entscheide dich für deinen Weg und trage deine Entscheidung in dein Leben.

»So, dass wir erkennen,
dass die Tür für uns geöffnet ist.

Der Weg

Schaue dem Leben mutig ins Gesicht. Erkennst du deine Möglichkeiten?

Was auch immer wir in unserem Leben machen., wir sind begleitet von ständigem Wandel. Wenn wir die Verantwortung für unsere persönliche Kraft übernehmen, beginnen wir das Leben mit dem zu füllen, was wir wählen. Wir erkennen in den Veränderungen unserer Welt die Möglichkeiten für Erfüllung und Freude. Und wenn wir die Chancen erkennen, dann brauchen wir den Mut, sie auch zu nutzen.

Nutzt du deine Möglichkeiten?

Selbst, wenn wir alle das gleiche Ziel hätten, gäbe es tausend Wege dorthin. Jeder geht seine persönlichen Schritte. Selbst, wenn es einen mathematischen Durchschnitt gibt. Niemand lebt ein durchschnittliches Leben. Jedem von uns bieten sich ganz persönliche Entscheidungen. Mit einer achtsamen Grundhaltung entwickeln wir die Präsenz, diese Augenblicke für unseren Weg zu nutzen.

Achtsamkeit führt uns auf den persönlichen Weg.

Präsenz

» Wenn wir nicht da sind,
wo findet dann unser Leben statt?

Achtsamkeit ist eine ganz natürliche Fähigkeit. Wir sind mit unserer Aufmerksamkeit genau in diesem Moment. Es fällt uns genauso leicht, nicht da zu sein. Da braucht nur ein Gedanke oder Gefühl unsere Aufmerksamkeit zu kitzeln und wir gehen hinterher. Dann sind wir nicht mehr da.

Die zufällige Achtsamkeit ist uns gegeben. Das Beibehalten einer achtsamen Grundhaltung können wir üben. Gerade in stressigen Situationen schenkt uns diese Haltung einen klaren Blick für die wichtigen Dinge. Wir können üben, trotz äußerer Einflüsse achtsam zu bleiben. Dadurch wird es uns stetig leichter fallen. Wir entwickeln eine natürliche Präsenz.

ÜBUNG

Natürliche Präsenz

Lies einfach weiter und behalte das Buch in der Hand. Spüre den Kontakt zum Buch. Dann weite deine Präsenz von deinen Händen auf deinen ganzen Körper aus. Spüre deine Körperstellung. Spüre deinen Atem, wo und wie deine Kleidung den Körper berührt. Bleibe locker und lasse dich von nichts im Besonderen ablenken. Wenn Gedanken kommen, dann nimm sie wahr.

>

Wenn du Gefühle spürst, dann nimm sie wahr. Doch lasse dich nicht von Gefühlen oder Gedanken ablenken. Bleibe hier.

Dehne deine Aufmerksamkeit auf deine Umgebung aus. Welche Gegenstände berührst du? Was hören deine Ohren? Was riechst du? Bleibe offen für alles. Beobachte dich, so als würdest du dir selbst zuschauen. Du musst dich nicht von außen sehen, aber du bist dir bewusst, was gerade los ist. Das ist die Haltung des Beobachters. Bleibe für 2 Minuten in diesem Zustand. Lasse dich nicht aus der Achtsamkeit holen. Bleibe der Beobachter. Bleibe dir deiner Selbst und deiner Umgebung bewusst.

» Du bist dir bewusst, dass du bewusst bist.

Lies einfach weiter. Du liest und bist dir dessen bewusst, dass du liest. Der Raum ist da, aber er lenkt dich nicht ab. Geräusche kommen und gehen, aber sie lenken dich nicht ab. Gedanken ziehen vorbei und du bleibst hier.

Erinnere dich in dieser Woche gerade in stressigen Momenten an den „Beobachter". Nutze Stress als Erinnerung, als Anker, um zurück in die Präsenz zu gehen. Sei gleichzeitig Beobachter und Handelnder. Gerade unter Druck ist Achtsamkeit ein Segen. Sie schenkt dir einen klaren Blick und ruhige Entscheidungen.

» Eine stabile Präsenz –
ein wesentlicher Schritt in ein erfülltes Leben.

Ablenkung

Sei so oft wie möglich da,
wo dein Leben stattfindet.
Hier und Jetzt!

Es gibt in unserem Leben Zeiten, in denen wir ohne Anstrengung präsent sind. In besonderen Situationen fällt es uns leicht, ganz im Moment zu sein. Im Urlaub, auf Reisen, wenn wir verliebt sind, leben wir sehr intensiv und können unser Leben voll und ganz genießen. Wir empfinden den Augenblick als besonders, deshalb sind wir präsent. Wir sind da!

Wenn uns der Augenblick alltäglich erscheint, kann es leicht passieren, dass wir uns ablenken lassen. Wir sind mit unserer Aufmerksamkeit nicht mehr da. Wir sind woanders. Wir machen unnötige Fehler. Wir übersehen Angebote des Lebens. Es ist, als ob wir „vergessen", wie wichtig unser Leben ist. Es spielt keine Rolle, welcher Art die Ablenkung ist.

Wenn wir nicht da sind, dann sind wir nicht da.

Natürlich lässt es sich hervorragend begründen, wenn die Ursache für unsere Ablenkung schwerwiegend ist. Doch abgelenkt ist abgelenkt. Ein kleines Beispiel: Du fährst Auto und plötzlich sticht dich eine Wespe. Du kannst dich nicht mehr auf das Autofahren konzentrieren und brauchst Glück, dass nichts weiter passiert. Oder du sitzt im Auto und siehst etwas Interessantes. Du schaust weg und bist abgelenkt. Auch jetzt brauchst du Glück, dass nichts Unerwünschtes passiert. Egal, was dich ablenkt, die Folgen können drastisch sein.

Es gibt keine kleinen
oder großen Ablenkungen.
Entweder du bist da oder nicht.

Um auch unseren Alltag intensiv zu erleben, helfen uns Anker in die Präsenz. Erinnerungen. Solch eine praktische Erinnerung ist unser Atem. Bewusst atmen ist eine Möglichkeit, uns im täglichen Leben zurück in die Präsenz zu holen. Den Atem haben wir immer bei uns. Unser momentaner Atemzug ist genauso in Bewegung wie das Leben. Gerade deshalb verankert er uns in diesem Moment.

Atmen.
Die Kraft der Präsenz erleben.

ÜBUNG

Der Atem – Brücke in die Präsenz

Nutze deinen nächsten Atemzug als Brücke in die Präsenz. Atme bewusst ein und aus. Sei bewusst im „Jetzt". Dein nächster Atemzug ist wieder „Jetzt". Du fließt mit deinem Atem von Moment zu Moment.

Mache die Übung gleich jetzt. Lies weiter und lege deinen Fokus auf deine Atembewegung. Spüre, welche Bereiche deines Körpers sich beim Atmen bewegen. Dann atme langsam und tief aus. Vielleicht entsteht eine Pause nach dem Ausatmen oder der Impuls zum Einatmen kommt gleich. Wenn der Impuls da ist, lass den Atem wieder einfließen. Atme und nimm deinen Körper wahr. Atme und nimm deine Umgebung wahr. Atme und sei im „Hier". Atme ruhig weiter. Sei im „Jetzt".

» Sein im Hier. Sein im Jetzt.

Sein! Sei!

Treffe deine Verabredung mit dem „ständig fließenden Moment". Wenn du dich mal in Gedanken oder Gefühlen verloren hast, erinnere dich. Nutze deinen Atem als Brücke zurück in den Augenblick. Lade deine Batterien auf und starte wieder durch. Du atmest und spürst den „Puls des Augenblicks".

» Gehe über die Brücke
und komme zu dir selbst!

Akzeptanz

»Da ist es.
Auch, wenn wir es nicht sehen wollen.

Der Moment, in dem wir jetzt stecken, ist der Start für den nächsten Schritt. Auch wenn wir das wissen, schauen wir manchmal nicht wirklich hin. Nicht, weil wir dazu nicht in der Lage sind. Sondern, weil wir es nicht (ein)sehen wollen. Zum Beispiel, wenn wir bestimmte Veränderungen ablehnen. Wenn wir uns etwas anderes gewünscht haben. Oder wenn es aufgrund unserer Überzeugung einfach „Nicht sein kann".

Nur weil wir etwas ablehnen, ist es noch lange nicht ungeschehen. Da ist es. Ob wir es wollen oder nicht. Manche Veränderungen geschehen einfach. Und wenn unser nächster Schritt funktionieren soll, dann müssen wir unseren Startpunkt beachten.

Zu einer guten Reisevorbereitung gehört eine klare Bestandsaufnahme. Was haben wir an Ausrüstung dabei? Was fehlt? Welche Möglichkeiten stehen uns momentan offen? Welche (noch) nicht? Wie sieht unsere Startposition aus? Der Schlüssel für einen guten Start ist die Akzeptanz der Ausgangsposition. Das ist manchmal hart. Aber mit geschlossenen Augen weitergehen wird meistens härter.

Akzeptanz kann hart sein.
Ignoranz ist härter.

ÜBUNG

Die Kraft der Akzeptanz

Schaffe dir einen klaren Überblick über deine aktuelle Situation. Dann kannst du deine nächsten Schritte darauf abstimmen. Dadurch schenkst du dir selbst eine höhere Erfolgschance. Selbst, wenn die Bestandsaufnahme enttäuschend ausfällt. Besser ent-täuscht, als weiterhin ge-täuscht. Dann ist wenigstens klar, was noch zu tun ist.

1. Tag

Schreibe dir in kurzen Wortgruppen auf, was sich im Vergleich zum gleichen Monat im letzten Jahr verändert hat. Schreibe alles auf, was dir in den Sinn kommt. Denke an Veränderungen in der Familie, in deiner Arbeitssituation, im Freundeskreis, gesellschaftliche Veränderungen. Mache keinen Unterschied zwischen angenehmen und unangenehmen Veränderungen. Akzeptiere die Veränderungen des Lebens.

2. Tag

Lies dir deine Aufzeichnung noch einmal durch und betrachte sie wie bei einer Reisevorbereitung als deine Bestandsaufnahme. Ergänze eventuell fehlende Punkte. Dann schreibe dahinter: „Ja. So ist das Jetzt!" Am besten, du sprichst es auch laut aus. Es muss ja nicht so bleiben, aber es hilft nichts, die Augen zu verschließen. Akzeptiere für dich selbst, dass es für diesen Moment so ist.

>

3. Tag

Lies dir deine Liste durch. Beobachte, ob dir die Situation gefällt oder nicht. Du kannst dir Smileys dahinter schreiben. Achte darauf, dass es deine ehrliche Bewertung ist. Du musst nicht zu jeder Sache eine Meinung haben! Doch wenn du eine hast, dann notiere sie dir und sage laut: „Ja! Das ist gerade meine Meinung!“. Akzeptiere deine aktuelle Meinung.

4. Tag

Lies dir deine Liste durch und finde heraus, welche Wünsche du in Bezug auf die weitere Entwicklung hast. Schreibe deine Ideen auf. Notiere auch, welche Möglichkeiten zur Umsetzung du momentan siehst. Egal, ob dir deine Chancen gefallen, schreibe dahinter: „Ja. Das ist eine Möglichkeit!“ Akzeptiere deine Möglichkeiten.

Die folgenden Tage

Konzentriere dich auf eine der erkannten Chancen. Setze deinen Wunsch Schritt für Schritt in die Tat um.

» Akzeptiere deine Möglichkeiten
und gehe deinen Weg.

Vergangenheit

Für unseren nächsten Schritt
müssen wir auf den Weg vor unseren Füßen achten.

Wenn wir mit der Aufmerksamkeit in unsere Erinnerung gehen, können wir viele Dinge wachrufen. Zum Beispiel Fakten, die wir im Moment benötigen. Doch die Vergangenheit ist nicht da. Wir erinnern uns jetzt. Unsere Schlussfolgerungen ziehen wir jetzt.

Wenn wir zum Beispiel gestern einen Bekannten beim Einkaufen getroffen haben, dann können wir uns jetzt daran erinnern. Wir haben ein klares Bild von der Begegnung. Wo wir uns getroffen haben und was gesagt wurde. Aber wenn wir vergessen haben, den Bekannten etwas zu fragen, dann können wir die Frage in unserer Erinnerung nicht nachholen. Das Treffen ist vorbei. Wir stehen woanders. Wenn uns die Frage jetzt beschäftigt, dann können wir Eines tun: Jetzt fragen!

Wir können es jetzt tun!

Die Vergangenheit fordert manchmal einen großen Teil unserer Aufmerksamkeit. Und zwar deshalb, weil wir Dinge aus der Vergangenheit mit uns tragen. Sachen, die unser momentanes Leben beeinflussen. Unerledigte Aufgaben, verpasste Fragen, offene Entscheidungen. Sie sind da. Selbst, wenn wir sie vergessen haben.

Für ein erfülltes Leben ist es hilfreich, diese Mitbringsel ab und zu aufzuräumen. Sonst machen sie Krach, wie leere Dosen, die wir an einer Schnur hinter uns herziehen. Es kommt immer wieder vor, dass wir nicht alle Aufgaben sofort erledigen können. Es gibt immer etwas zu tun. Natürlich können wir uns darüber ärgern. Das steht uns frei. Wir können uns sogar selbst dafür bestrafen, dass wir nicht alles erledigen konnten. Doch Bestrafung erledigt die Aufgaben auch nicht.

Bevor unsere Mitbringsel zu viel „Krach“ machen und an unserer Präsenz zerren, widmen wir uns diesen Dingen. Wir schauen, was wir JETZT tun können und wollen. Wenn es etwas zu tun gibt, werden wir aktiv. So begleitet uns unsere Vergangenheit, ohne unsere Kraft zu zerstreuen.

ÜBUNG

Die Mitbringsel aufräumen

Widme dich den Mitbringseln aus der Vergangenheit, die deine Aufmerksamkeit fordern. Mache dir eine Liste von unerledigten Aufgaben. Projekte, die du schon immer mal beginnen wolltest. Dinge, die du schon immer mal tun wolltest. Ideen und offene Situationen. Nimm dir die Zeit für deine Liste, finde mindestens zehn unerledigte Sachen.

Wolltest du in der letzten Zeit etwas tun und hast es nicht erledigt? Hast du Lebensbereiche vernachlässigt, die dir wichtig sind? Gibt es wichtige Vorhaben, die du vergessen könntest?

Lies dir deine Liste durch. Finde heraus, was du tun möchtest. Erledige in dieser Woche mindestens eine Sache. Du kannst gerne mehr als eine Idee umsetzen. Doch lass dich nicht durch deine eigene Liste treiben. Gönne dir beim Erfüllen deiner Ideen immer wieder ein Lächeln. Reduziere die Ablenkungen aus der Vergangenheit und genieße deinen Weg!

Räume deine Mitbringsel regelmäßig auf. Streiche Punkte, die unwichtig geworden sind. Ergänze neue Ideen. Sortiere dich innerlich. Reduziere überflüssigen Ballast. Schaffe Raum für dein Leben.

» Mache deine Vergangenheit zu einem Geschenk an dein Jetzt!

Zukunft

Auch Morgen ist wieder Jetzt.

Wir können viel über die Zukunft spekulieren. Wir können Prophezeiungen und Horoskope lesen. Wir können das Beste oder das Schlechteste erwarten. Wir können uns Sorgen machen. Es kann uns nützen, an die Zukunft zu denken. Wir können uns innerlich und äußerlich auf Aufgaben vorbereiten. Wir können Projekte planen. Das gibt uns eine Perspektive. Doch wenn Morgen da ist, dann ist es wieder jetzt.

Egal, wie gut die Vorbereitung ist oder was unser Plan sagt, wir müssen auf das Leben achten. Wir können uns etwas vornehmen. Wir können es akribisch planen und aufschreiben. Doch das Planen und Aufschreiben passiert jetzt. Dabei benötigen wir unsere volle Präsenz. Und wenn wir unsere Ideen vom Leben umsetzen möchten, dann auch in diesem Augenblick.

Pläne entstehen jetzt und werden jetzt verwirklicht.

Wir können sowohl beim Planen, als auch beim Ausführen auf alle Ebenen unseres Lebens achten. Dadurch nutzen wir unser persönliches Potenzial. Wir ordnen unsere Gedanken. Wir atmen tief durch und spüren unser Bauch-Gefühl. Wir nehmen den Impuls des Herzens wahr. Wir beobachten uns dabei. Durch die Kraft, uns selbst reflektiert wahrzunehmen, haben wir Zugang zu den verschiedenen Ebenen unserer Realität. Wenn wir diese Ebenen beim Planen bewusst nutzen, dann leben wir in diesem Moment unser volles Potenzial. Wir kosten die Möglichkeiten unseres Geschenkes voll aus.

Morgen, wenn wir unser Vorhaben verwirklichen, hilft uns der Zugang zu diesen Ebenen, unsere Ideen umzusetzen. Präsenz auf allen Ebenen. Logische Gedanken, Bauchgefühl, der Impuls des Herzens und der Beobachter Seite an Seite. Das nenne ich den Herzweg. Den Weg, auf dem das Herz lacht.

ÜBUNG

Planen mit Herz

Tag 1

Vielleicht hast du schon eine Liste mit Zielen und Projekten. Wenn nicht, dann nimm dir Raum und Zeit. Schreibe dein Drehbuch mit Ideen für deine Zukunft. Nimm darin alles auf, was dir einfällt. Großes, Kleines, Wichtiges, Unwichtiges. Letztendlich weißt du nicht im Voraus, welche Projekte wichtig sind und große Veränderungen bringen. Mache deine Liste so vollständig, wie möglich. Lasse bei jedem Punkt etwas Platz für ergänzende Bemerkungen.

Tag 2

Lies dir die Liste noch einmal durch. Schreibe zu den einzelnen Punkten, welche logischen Argumente für diese Idee sprechen. Schreibe dein Bauchgefühl daneben. Finde die passenden Symbole für deine Einschätzung. Schreibe auf, ob sich die Idee reif anfühlt. Notiere dir, ob dein Herz bei dieser Idee lacht. Sorge für Klarheit auf allen Ebenen.

Tag 3

Lies dir deine Projekte und die Notizen noch einmal durch. Überprüfe deine Einstellung. Sei offen für „Änderungen über Nacht". Dann entscheide dich für ein Projekt.

>

Nimm dir fünf Minuten Zeit. Wähle einen Gegenstand, den du morgen bei dir trägst. Vielleicht ein Schmuck- oder Kleidungsstück. Setze dich bequem hin. Atme sieben mal tief durch. Komme ganz im Jetzt an. Denke an deinen Wunsch. Finde Ideen, wie du dein Projekt in deinem Leben umsetzen möchtest. Stelle dir deine Schritte so klar wie möglich vor. Achte darauf, ob dieser Weg zu dir passt. Spüre, ob dein Herz lacht. Wenn ja, nimm deinen Gegenstand in die Hände. Lade ihn mit dieser Idee auf. Dieser Gegenstand ist ab jetzt dein Anker. Lege ihn an einen Ort, an dem du ihn beim Aufwachen siehst und dich an den Weg deines Herzens erinnerst.

Die folgenden Tage

Trage deinen Anker im Alltag. Erinnere dich immer wieder an deine Idee. Finde mögliche Schritte und setze sie um. Versuche nicht, Alles auf einmal zu machen. Der Weg ist so wichtig wie das Ziel. Nimm dir abends Zeit. Widme dich deiner Idee. Lade deinen Anker mit deiner Idee auf. Erinnere dich im Alltag daran und gehe deine Schritte.

Gehe den Weg
auf dem dein Herz lacht!

Der Herzweg

Wohin du auch gehst,
achte darauf, dass dein Herz lacht.

Wir alle erfüllen unser Leben. Ob wir wollen oder nicht. Wir können uns nicht entscheiden, ob wir unser Leben erfüllen. Aber wir können uns entscheiden, womit wir unser Leben erfüllen. Mit unseren Ideen? Mit den Werten, die uns am Herzen liegen? Mit uns selbst?

Womit erfüllst du dein Leben?

Wenn wir alle Ebenen nutzen, die uns zur Verfügung stehen. Wenn wir Verstand, Gefühle, Intuition, die Impulse unseres Selbst bewusst beachten, dann entfalten wir unser volles Potenzial. Wenn wir auf diesem Weg den Mut aufbringen, die Prioritäten unseres Herzens zu leben, dann gehen wir den Herzweg.

Dem lachenden Herzen folgen.
Das nenne ich den Herzweg.

Wenn wir auf unserem persönlichen Weg die Schritte gehen, bei denen unser Herz lacht, dann schöpfen wir uns dadurch selbst. Wir schöpfen eine Persönlichkeit, ein Ich, das mit dem Selbst verbunden ist.

» Diese Erfüllung schenkt uns der Herzweg.

Die innere Frage

» Es ist dein Geschenk!
Achte darauf, dass es deine Schritte sind.

Unsere täglichen Entscheidungen und Handlungen sind unsere Antworten auf die Anforderungen des Lebens. Oft suchen wir nach passenden Antworten in weisen Schriften, bei unseren Vorbildern, beim Spezialisten. Selbst, wenn wir jemanden finden, der Antworten auf die Fragen des Lebens gefunden hat. Es müssen noch lange nicht die Antworten sein, die zu uns passen.

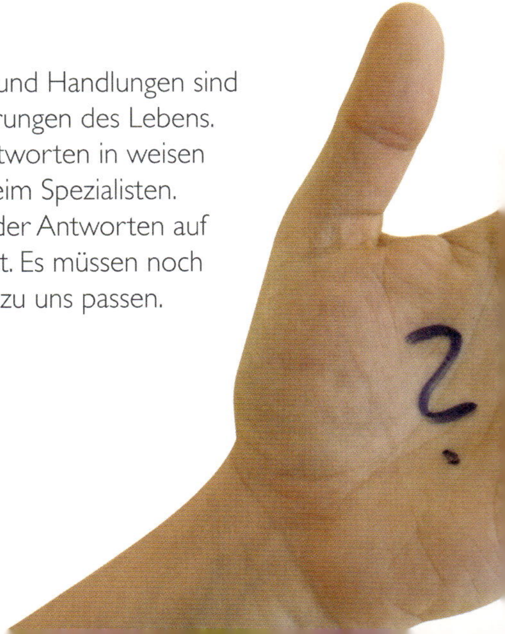

Folge nicht den Schritten der MeisterInnen.
Finde für dich, was sie gesucht haben!

Sogar unsere eigenen Antworten sind oft nur für einen bestimmten Zeitraum aktuell. Dann haben wir uns weiter entwickelt. Die alten Antworten entsprechen uns nicht mehr. Natürlich können wir uns durch Vorbilder inspirieren lassen. Doch viel wichtiger als ihre Antworten sind die richtigen Fragen.

Für einen erfüllten Lebensweg, können wir statt festgelegter Antworten die passenden Fragen mit in unser geistiges Gepäck nehmen. Wie sind unsere Vorbilder an die Situation herangegangen? Mit welchen Fragen kommen sie zu ihren persönlichen Antworten? Worauf achten sie im täglichen Leben?

Solche inneren Fragen helfen uns, auf die Anforderungen unseres Lebens zu reagieren. Ein Frage hat die Kraft, uns in das Hier und Jetzt zu holen. Wenn wir innehalten und achtsam sind, können wir mit der Antwort unser volles Potenzial aktivieren. Wir schenken uns selbst die Chance auf die Antwort, die wirklich zu uns passt. Wir übernehmen die Verantwortung für unseren Weg. Hier und Jetzt.

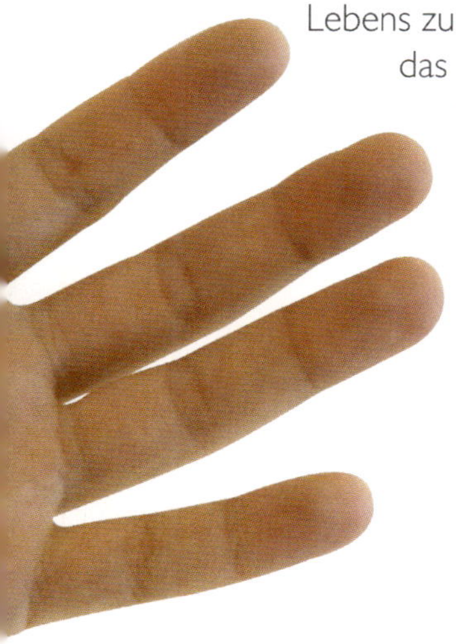

ÜBUNG

Die Kraft der inneren Frage

Du hast bestimmt Wünsche und Projekte, die dich aktuell interessieren. Vielleicht möchtest du dich den Mitbringseln aus der Vergangenheit widmen. Oder du hast eine neue Idee für deinen Weg. Nutze dafür die Praxis der inneren Frage.

Ein guter Zeitpunkt ist dein Morgenritual. Mach dir einen Tee oder einen Kaffee. Gönne dir fünf Minuten Zeit. Atme tief durch und nimm wahr, wie du dich fühlst. Beobachte alle Ebenen deines Seins.

Was „sagt“ dein Körper heute morgen?
Wie fühlst du dich emotional?
Welche Gedanken beschäftigen dich?
(Vielleicht noch aus dem Traumreich.)
Spürst du, was der neue Tag mit sich bringt?
Wenn du weißt, was im Moment los ist, erinnere dich an deine Ideen und Ziele. Stelle dir selbst die Frage:

„Was ist mir heute wichtig?!“
„Welchen Schritt möchte ich heute gehen?!“
„Was drückt mich heute zu 100% aus?!“
„Wobei lacht mein Herz?!“
„Welche Tür steht mir heute offen?!“

>

Finde Antworten, die dich auch im Alltag an deinen persönlichen Weg erinnern. Nutze die innere Frage auch bei den Angeboten des Alltags: „Was ist mir wirklich wichtig?!" „Welche Entscheidung und Handlung drückt mich jetzt zu 100% aus?!" Atme sieben Mal tief durch. Finde deine Antwort. Erfülle dein Leben mit deinen Antworten.

» Nutze die innere Frage als Anker.
Erfülle dein Leben mit deiner aktuellen Antwort.

Weglassen

» Der Kosmos ist voller Möglichkeiten.
Wir müssen wählen.

Unser Leben ist voller Angebote. Wir werden nie alle Projekte erledigt haben. Selbst, wenn wir uns unsere Wünsche erfüllen. Unser Intellekt ist kreativ genug, sich für jeden erfüllten Wunsch zwei neue auszudenken. Natürlich können wir uns noch disziplinierter um unser Zeitmanagement kümmern. So passt noch ein wenig mehr Aktivität in unseren Tag. Wir können uns noch mehr Wünsche erfüllen. Doch leben wir dadurch erfüllter? Werden wir glücklicher?

Bevor wir voller Fleiß alle Punkte auf unseren Listen abarbeiten, legen wir unseren Blick auf die Motivation für unser Handeln. Was bewegt uns innerlich?

Es ist leicht festzustellen, ob Aufgaben dringend sind. Es gibt ein Zieldatum. Ob eine Aufgabe ohne Zieldatum trotzdem erledigt werden muss, ergibt sich häufig aus den möglichen Konsequenzen. Also finden wir in unserem Terminkalender Dinge, die dringend sind und solche, die wir nicht weglassen können. Doch viele persönlich wichtige Dinge haben kein „eingebautes" Datum. So kann es passieren, dass wir die wirklich wichtigen Wünsche vor lauter dringenden Terminen vergessen.

Achte beim Erledigen deiner Aufgaben
auf die wirklich wichtigen.

Oft fühlen wir uns gut, wenn unser Leben voller Termine und Aufgaben ist. Ein voller Kalender zeigt uns schließlich, dass wir gebraucht werden. Wir fühlen uns wichtig und wertvoll. Wenn wir von Termin zu Termin rennen, dann können wir unseren Mitmenschen zeigen, wie gefragt wir sind. So konzentrieren wir uns immer mehr auf die Dinge, die wir erledigen müssen. Und es kann sein, das wir am Kern unseres Lebens vorbeileben.

Erfüllt leben, Raum lassen fürs Glück!

ÜBUNG

Die Kunst des Weglassens

Nutze für die Kunst des Weglassens dein Morgenritual. Schaue in deinen Kalender oder auf deine Ideenliste. Atme entspannt durch. Lege deinen Fokus Schritt für Schritt auf deine Aufgaben. Spüre deinen Bauch und dein Herz. *Welche Dinge sind essentiell für dich?*

Markiere dir die Punkte, die dir wirklich wichtig sind. Und markiere die nebensächlichen. Beziehe deine ideellen und materiellen Wünsche mit ein. *Was ist wichtig für einen erfüllten Tag?* Oft brauchen wir für unser Glück sehr wenig.

Erinnere dich an die Freiheit, Dinge wegzulassen. Hast du einen Herzenswunsch? Kannst du diesem Wunsch durch Weglassen Raum in deinem Alltag schaffen? Wenn du dich für deinen Herzenswunsch entscheidest, tue es voller Hingabe.

Viel Freude beim Tun und Weglassen.

Hingabe

Erfüllung ist nicht, was wir erleben.
Wichtig ist, wie wir leben.

Hingabe verändert jeden Moment. Egal, ob wir Sport treiben, musizieren, unsere alltäglichen Aufgaben erledigen oder nichts tun. Wenn wir uns „dem was gerade ist" hingeben, erleben wir uns in diesem Moment voll und ganz. Wenn wir uns hingeben, dann geben wir uns damit nicht auf. Wir geben uns dem Fluss des Lebens hin und schenken uns damit die volle Erfahrung von uns selbst.

Wir geben uns hin und erleben uns selbst.

Hingabe erleben wir zum Beispiel, wenn wir singen oder ein Instrument spielen. Bei einem Konzert, kann das Stück Note für Note perfekt sein. Dennoch muss die Musik nicht erfüllend sein. Wenn wir das gleiche Lied am Lagerfeuer singen, dann sind die Noten vielleicht nicht perfekt, dafür sind wir mit voller Hingabe bei der Musik. Wir tun, um zu tun und sind mit allen Sinnen dabei. Wir erleben diesen Moment voller Hingabe. So ist die Musik auch dann erfüllend, wenn die Töne nicht ganz stimmen.

Der Unterschied entsteht durch unsere Einstellung. Mit Hingabe erleben wir diesen Moment viel intensiver, als wenn wir es mit „halbem Herzen" tun. Wir haben es in der Hand.

ÜBUNG

Die Kraft der Hingabe

Gönne dir in dieser Woche die Kraft der Hingabe. Vielleicht machst du deine Yogaübungen voller Hingabe. Oder du gehst voller Hingabe laufen. Isst voller Hingabe ein Eis. Singst voller Hingabe unter der Dusche und genießt die reinigende Wirkung für den Körper und die Seele. Entscheide dich voll und ganz für die Tätigkeit. Gib dich voll hin. Nicht für bessere Ergebnisse. Tue es, um es mit allen Sinnen zu spüren. Tue es, um es zu tun. Mache es so, wie es zu dir passt. Erlebe es aus vollem Herzen.

» Lebe aus vollem Herzen.

Eigentlich

„Eigentlich" wäre die Welt ganz anders.

In meinen Kursen und Seminaren erlebe ich immer wieder, wie kraftvoll unsere persönliche Energie ins Fließen kommt, wenn wir das „Eigentlich" weglassen. Es bereitet mir Vergnügen, einen Blick auf unser Potenzial zu werfen. Doch wenn wir dann unsere inneren Ideen anpacken und im Alltag umsetzen, das erstaunt mich wirklich! Und es bereitet mir Freude.

Manchmal kommt es mir so vor, als habe ganz Deutschland einen Plan „B" in der Schublade. Eine ganz klare Idee, was wir „eigentlich" gerne machen würden. Oft schon so ausgereift, dass wir nur noch loslegen müssen. Wenn wir gefragt werden, dann sagen wir:

Das möchte ich „eigentlich" auch!
„Eigentlich" müsste man ja...!

Was wäre, wenn wir das „Eigentlich" weglassen? Wenn wir die Schritte zur Verwirklichung dieser Ideen gehen? Vielleicht lacht bei diesem Gedanken ja dein Herz. Vielleicht fallen dir schon praktische Möglichkeiten ein, deinen Plan „B" zu leben. Vielleicht hast Du ja Lust, dein inneres Potenzial zu erleben.

ÜBUNG

Das „Eigentliche" tun

Welche Dinge wolltest Du eigentlich schon immer mal erleben? Welche Sachen sind dir eigentlich wichtig in deinem Leben?

Mache in dieser Woche jeden Tag etwas, was du eigentlich schon immer mal machen wolltest. Schaue morgens in den Spiegel und erinnere dich auch an ganz kleine „Eigentlich". Kleine Handlungen, die dich in deine Kraft führen.

Mache einen Spaziergang. Atme fünf Minuten tief und kräftig. Tanze zu schöner Musik. Schreibe einem Freund einen Brief. Besuche das Grab deiner Großeltern. Wenn du zu viele Ideen für eine Woche hast, dann schreibe dir die Ideen auf deine Ideen-Liste. Das Wichtigste ist: Lass das „Eigentlich" weg und finde praktische Schritte für deinen Weg.

»Viel Freude beim Er-Leben der „eigentlich" wichtigen Dinge!

Glück und Erfüllung

Glücklich ist nicht, wer anderen so erscheint.
Glücklich ist, wer sich so fühlt.

Wir können so viel für die Erfüllung in unserem Leben tun, wie wir wollen. Wir können unsere inneren Prioritäten finden. Aktiv werden. Aus unseren Fehlern lernen. Doch unser Glück und unsere Erfüllung hängen nicht von äußeren Umständen ab.

Glück und Erfüllung hängen nicht von äußeren Umständen ab.

Die Wirkung unserer Handlungen genießen. Zufrieden sein, wenn wir den gewünschten Erfolg haben. Uns freuen, wenn wir so sind, wie wir sein wollen. Für diesen Genuss, diese Freude und Zufriedenheit braucht es Raum. Diesen können wir uns auch ohne äußeren Grund geben.

Wenn wir durch unser Leben sausen, ohne inne zu halten, dann entgeht uns diese Möglichkeit. Wir sausen sozusagen an der Erfüllung und dem Glück vorbei. Glück und Erfüllung sind eine innere Sichtweise. Wir können ihnen bewusst einen Platz in unserem Leben geben.

» Gib dem Glück und der Erfüllung
einen Platz in deinem Leben.
Jederzeit.

ÜBUNG

Verabredung mit dem Glück

Gönne dir bewusst Raum für dein Glücklichsein. Triff deine tägliche Verabredung mit dem Glück. Finde einen ruhigen behaglichen Platz. Mache es dir gemütlich. Atme tief und langsam durch. Erinnere dich an einen Moment in den vergangenen Tagen, der dir gefallen hat. Vielleicht einen ganz alltäglichen Augenblick, in dem du keine Zeit zum Genießen und Glücklichsein hattest. Ein Lächeln, ein Sonnenstrahl, eine kleine Geste.

» Lege deinen Fokus auf das Glücksgefühl.

>

Erinnere dich an diesen Augenblick und spüre das glückliche Gefühl. Fokussiere dich auf dein Glücklichsein. Lasse es mit dem Einatmen in jede Zelle deines Körpers fließen. Dein Körper füllt sich mit Glück und Zufriedenheit. Mit dem Ausatmen lässt du das glückliche Gefühl ganz natürlich in deine Umgebung strömen. Dein Glück erfüllt auch deine Umgebung.

Das glückliche Lächeln kommt.
Es braucht keinen Grund.

Einfach und leicht

» Nicht jeder Weg zum Glück ist steinig und steil.

Selbst wenn wir auf unsere Herzenswünsche achten. Auch, wenn wir unser Leben mit Freude und Glück erfüllen. Manchmal übersehen wir Schritte, die wir gehen könnten. Wir erkennen die Möglichkeit nicht, weil sie uns zu einfach erscheint.

Vielleicht haben wir schon einige Ziele mit Anstrengung erreicht. Vielleicht begleitet uns die Vorstellung, dass wir uns für Erfolg anstrengen müssen. Das Einfache und Naheliegende widerspricht dieser Vorstellung. Doch die Vielfalt des Lebens bietet uns Beides. Das Komplexe und das Einfache. Das Schwere und das Leichte. Und manchmal geht es eben einfach.

» Manchmal ist es eben einfach.

Wenn wir wollen, können wir uns natürlich anstrengen. Auch darin liegt Erfüllung. Doch wenn wir Lust auf ein paar leichte Schritte haben, dann hilft ein klarer Blick auf die einfachen Mittel und Wege. Vielleicht finden wir nicht immer eine schlichte Lösung für die Aufgaben des Alltags. Doch wenn sich die Chance bietet, dann müssen wir es uns nicht unbedingt schwer machen.

» Nicht jeder steinige und steile Weg führt zum Glück.

ÜBUNG

Das Einfache nutzen

Setze dich ruhig hin. Gönne dir einige tiefe Atemzüge. Erinnere dich an ein Projekt, welches dich gerade aktuell beschäftigt. Was ist dein Wunsch? Schaffe dir ein inneres Bild von deinem Ziel. Was entspricht dir zu 100 %?! Mache dir deinen aktuellen Standpunkt klar.

>

Hast du deine Idee schon deiner Umwelt mitgeteilt? Ist sie reif dafür? Gibt es Mitmenschen, zu denen deine Idee besonders passt? Sind sie offen dafür? Hast du schon Schritte unternommen? Was hast du bewirkt? Welcher Schritt ist der nächste? Fühlt er sich leicht an? Gibt es Möglichkeiten, die du noch nicht genutzt hast? Warum? Ist jetzt der richtige Zeitpunkt, diese Möglichkeiten zu nutzen?

Bevor du in Aktion trittst, gönne dir die Zeit, um deine Erwartungen und Vorstellungen zu erkennen.

» Ist deine innere Vorstellung von deinem Weg einfach?

Erinnere dich jeden Morgen an dein Projekt. Mache dir deinen Standpunkt klar. Nimm die Idee mit in den All-Tag. Vielleicht fallen dir im Verlauf deines Tages neue Möglichkeiten auf. Manchmal bietet dir das Leben völlig andere Wege zum Ziel, als du dir vorstellst. Chancen, die du bis heute noch nicht wahrgenommen hast. Oder einfach nicht genutzt hast.

>

Sei flexibel, was den Weg angeht. Bleibe offen für einfache Angebote. Selbst, wenn du nicht für jede Aufgabe eine einfache Lösung findest. Achte auf den passenden Augenblick. Manchmal ersetzt ein einfacher Schritt im richtigen Moment tausend Anstrengungen.

Sei offen für einfache Lösungen.

Der Körper

Dein bester Freund ist immer bei dir.

Jeder von uns hat zu seinem Geburtstag einen Körper geschenkt bekommen. Dieser Körper ist ein machtvolles Werkzeug. Unsere Beziehung zu unserem Körper ist sehr persönlich und durch Gewohnheiten geprägt. Wie behandeln wir unseren Körper? Nutzen wir die Gaben unseres Körpers bewusst?

Wie behandelst du deinen Körper?

Es lohnt sich, wenn wir unseren Körper achtsam behandeln. Er spiegelt auf der materiellen Ebene unser So-Sein wieder. Er ist ein wunderbares Geschenk und öffnet uns die Tür zu vielen Wundern des Lebens.

Nutze die Möglichkeiten deines Körpers
und du wirkst über den Körper hinaus!

Wohlwollen

> Behandeln wir unseren besten Freund liebevoll,
> so erfüllen wir unser Leben mit Liebe.

Wir haben zu unserem Geburtstag einen Körper geschenkt bekommen. Unser Körper ermöglicht es uns, einzigartige Erfahrungen zu machen. Er bildet die Grundlage für die Möglichkeiten des Lebens.

Er begleitet uns wie ein Freund überall hin. Er versucht, unsere Ideen in Taten umzusetzen. Er ärgert sich, wenn wir uns ärgern. Er freut sich, wenn wir uns freuen.

Wir haben unsere ganz persönliche Einstellung zu unserem Körper. Diese Einstellung haben wir uns von Mitmenschen abgeschaut. Sie hat sich aus Bemerkungen und Erlebnissen entwickelt. Sie ist so allgegenwärtig, dass wir sie nicht bemerken. Dennoch wirkt diese Haltung tief in unser Leben hinein.

Wenn wir unseren Körper betrachten, dann vergleichen wir ihn mit unseren Vorstellungen. Wir betrachten ihn mit einem ganz bestimmten Blick. Er bekommt unsere Gedanken und Bewertungen im Laufe seiner Entwicklung sehr genau mit. Dabei ist es unwichtig, ob unsere Ansprüche aus der ästhetischen Vorstellung unserer Gesellschaft oder von anderen Vorbildern stammen.

So, wie wir uns mit unserem Körper fühlen,
so fühlt er sich mit uns.

Die Beziehung zu unserem Körper können wir bewusst gestalten. Eine zentrale Frage ist dabei: Blicken wir strafend oder wohlwollend auf unseren Körper? Natürlich können wir mit unserem Körper Ziele anstreben. Wir können uns ein bestimmtes Aussehen wünschen oder für sportliche Erfolge trainieren.

Egal, ob wir diese Ziele erreichen oder nicht. Unser Körper ist jetzt da und er macht einen großen Teil unserer Lebenserfahrung aus. Wenn wir liebevoll mit unserem Körper umgehen, dann erfüllen wir unser Leben mit Zufriedenheit und einem glücklichen Gefühl. Dieses Gefühl begleitet uns durch unser Leben. Wir können unseren Körper trotz aller Wünsche so akzeptieren, wie er ist. Dadurch erkennen wir die Chancen, die uns genau dieser Körper bietet. Das ist ein gewaltiger Schritt in ein erfülltes Leben.

ÜBUNG

Die Kraft des wohlwollenden Blicks

Dein Körper reagiert auf deine Gefühle und Gedanken. Wenn du dich freust, dann freut sich dein Körper mit. Wenn es dir schlecht geht, dann geht es auch deinem Körper schlecht.
So wie du über deinen Körper denkst, so fühlt er sich.
Die Richtung für deine Einstellung gibst du dir mit der Antwort auf folgende Frage:

» Womit möchtest du deinen Körper erfüllen?

Nimm dir jeden Morgen einige ganz private Minuten. Stelle dich nackt vor einen großen Spiegel, in dem du dich komplett betrachten kannst. Schau dir deinen Körper an. Beobachte deine Gedanken und Gefühle. Findest du es normal, dich so zu betrachten? Hast du Bewertungen über deinen Körper oder Körperteile? Betrachte dich bewusst mit einem wohlwollenden Blick.

Schau dich so an, wie du deinen besten Freund/in betrachten würdest. Da steht Jemand, der dich schon dein ganzes Leben begleitet. Jemand, dem du natürlich kleine Fehler verzeihst. Schaue mit einem liebevollen Blick auf alle Körperteile. Schenke ihnen ein wohlwollendes Lächeln. Falls dir etwas an deinem Körper nicht gefällt, vergib deinem Körper seine scheinbare Unvollkommenheit. Erfasse die Einzigartigkeit deines Körpers.

>

Erinnere dich im Trubel des Tages an die Kraft des Wohlwollens. Genieße deinen Körper so, wie er ist. Das kann zu einer lieben Gewohnheit werden. Finde immer wieder liebevolle Gedanken über deinen Körper. So kannst du deinen Körper genießen, auch wenn er nicht „perfekt" ist. Betrachte ihn voller Zufriedenheit. Dein Körper reagiert auf Anerkennung und Komplimente. Die Energie folgt deiner Aufmerksamkeit und vitalisiert deinen Körper.

Schenke dir selbst die Kraft
deines wohlwollenden Blickes.

Spannung und Entspannung

Mit Kraft spannst du den Bogen!
Wenn du loslässt, fliegt der Pfeil.

Unser Körper reagiert auf unsere Stimmungen und Gedanken. Wenn wir in unserem Alltag durch anstrengende Situationen gehen, dann geht unser Körper durch dieselben Momente. So kann es sein, dass einige Spannungen haften bleiben. Diese sind oft so gering, dass wir sie nicht wahrnehmen. Doch nach einiger Zeit werden viele Minispannungen zu einer ausgewachsenen Verspannung. Und innerhalb von Jahren kann es sein, dass wir uns an daran gewöhnen. Verspannungen, die uns Kraft und Energie kosten.

Dieses Zusammenspiel von Körper, Geist und Seele können wir nutzen. Durch kleine Körperübungen harmonisieren wir den Fluss unserer Lebenskraft und unsere Stimmung. Auf diese Weise versetzen wir uns im Alltag in einen ausgeglichenen Zustand.

Oft legen wir in der Erziehung und im sportlichen Training den Schwerpunkt auf zielgerichtete Anstrengung. Entspannung und Loslassen ergänzen diese Anstrengung wie das Einatmen das Ausatmen. Durch bewusste Lockerung können wir für unsere persönliche Balance sorgen.

Wenn wir unsere Energie ohne Unterlass zur Erreichung äußerer Ziele nutzen, ohne Entspannung und Momente der inneren Einkehr, dann kann es sein, dass wir diese Ziele ohne das Gefühl der Erfüllung erreichen. Es kann passieren, dass wir mitten auf dem Weg ausgebrannt dastehen und nicht die Kraft für den nächsten Schritt haben. Durch bewussten Ausgleich finden wir unsere persönliche Balance mitten im Alltag. Wir nutzen das Spiel von Spannung und Entspannung. Wir schenken sowohl der Spannung, als auch dem Loslassen Raum und genießen den Moment.

» Wir spannen den Bogen und lassen den Pfeil fliegen.

ÜBUNG

Die kleinen Lockerungen

Jeder Körper hat Lieblingsstellen, an denen er die Spannungen des Alltags ansammelt. Beobachte in der nächsten Zeit genau, wo sich angespannte Situationen in deinem Körper bemerkbar machen. Beobachte dich in angespannten Gesprächen und unter Zeitdruck.

>

Was machen deine Hände? Kannst du sie locker lassen? Hängen deine Schultern oder ziehst du sie hoch? Kannst du sie entspannen? Ist dein Bauch entspannt? Kannst du leicht in den Bauch atmen? Atmest du flach? Ist dein Unterkiefer entspannt oder „kaust" du gerade an einem Thema?

Merke dir die Stellen, an denen sich die Ansprüche des Alltags bemerkbar machen. Finde Bewegungen, mit denen du diese Bereiche sanft kräftigen und entspannen kannst. Finde persönliche Übungen, die dich wieder in deinen Optimalzustand bringen. Wenn du Stellen findest, für die du keine Übungen kennst, dann informiere dich, welche Übungen sich anbieten.

Am besten, du fragst einen Trainer, Übungsleiter, Qi Gong- oder Yoga Lehrer. Vielleicht machst du ja auch einen speziellen Kurs zur Kräftigung deines Rückens. Oder du erlernst Übungen für deine Schultern und Gelenke. Es lohnt sich, Übungen zu kennen, die dich in einen harmonischen Zustand bringen.

Ein Beispiel:

Ein Ort, an dem sich gerne Spannungen festsetzen, ist der Hals-Nacken-Bereich. Wenn du durch eine anstrengende Situation gegangen bist, dann lockere so bald wie möglich deinen Nacken und Schultergürtel. Trage die Spannungen nicht mit in die nächste Aufgabe. Befreie dich davon.

>

Stelle oder setze dich aufrecht hin, ohne dich anzulehnen. Ziehe das Kinn etwas an und strecke den Scheitelpunkt zum Himmel. Beginne mit einigen tiefen Atemzügen. Lass die Schultern bewusst sinken und beginne die Schultern langsam zu kreisen.

Ziehe die Schultern nach oben, hinten oben, hinten, hinten unten, unten, unten vorne, vorne, vorne oben, oben. Lasse keine Abkürzungen zu. Gehe bis an die Grenze, an der du dich wohl fühlst. Atme von innen tief in Schultergürtel und Brustkorb. Bringe die Atembewegung von innen an die Stellen, die du entspannen möchtest. Lasse beim Kreisen den Unterkiefer locker. Entspanne dein Gesicht und lächele sanft nach innen.

Kreise einige Male und dann wechsle die Richtung. Lasse die Schultern nach einigen Bewegungen zur Mitte kommen. Schenke dir zum Abschluss einen tiefen Atemzug.

Erinnere dich immer wieder an diese kleine Lockerung. Du kannst sie auch durch ein Kreisen der Hände und der Füße ergänzen. Nutze die Lockerungen mitten im Alltag – dann, wenn du sie am meisten brauchst.

Viel Freude beim Anspannen und Lockern!

Natürlicher Rhythmus

> Komme in deinen Rhythmus
> und du kommst in deine Kraft.

Unser Leben besteht aus vielen rhythmischen Abläufen. Wir stehen auf und gehen ins Bett. Wir gehen zur Arbeit und kehren heim. Wir essen, machen eine Pause und essen wieder. Wir atmen rhythmisch. Unser Herz schlägt rhythmisch.

All diese Rhythmen zusammen bilden unseren Biorhythmus. In bestimmten Phasen sind wir körperlich leistungsfähig. In anderen Momenten sind wir schlapp. Wir sind eine Zeit mental voll auf der Höhe und dann können wir uns kaum konzentrieren. In manchen Zeiten kann uns nichts erschüttern. An manchen Tagen erzeugt das Niesen eines Schmetterlings einen wahren Gefühlstumult.

> Rhythmische Bewegung liegt im Wesen unserer Natur.

Durch Bewegung, die unserem persönlichen Rhythmus entspricht, kommen wir in unsere Kraft. Qi Gong und Atemübungen harmonisieren unseren Biorhythmus. In Bewegungen wie Gehen, Laufen, Radfahren, Schwimmen und Reiten können wir unseren Rhythmus finden.

Wenn wir uns bewegen, um die Bewegung zu genießen, dann können wir die passende Geschwindigkeit und den richtigen Rhythmus finden. Dabei geht es nicht um das Erreichen einer Bestzeit oder um die Steigerung der Leistung. Es geht um das Tun an sich. Wir strengen uns an, soweit es Spaß macht.

Wenn wir uns regelmäßig in unserem Rhythmus bewegen und uns dabei nicht komplett auspowern. Dann tanken wir beim Tun unsere Batterien auf, lösen Stress und kommen dadurch wieder in unseren Wunschzustand. Nach der Bewegung spüren wir weiterhin unseren Rhythmus. In stressigen Situationen wissen wir, dass wir uns bald wieder bewegen. Allein dieses Wissen schenkt uns Ruhe und Geduld.

Die Dinge im eigenen Rhythmus tun.

In Harmonie sein.

ÜBUNG

Die Kraft der rhythmischen Bewegung – Gehen, Laufen...

Nutze in der folgenden Zeit die Kraft der Bewegung. Gehe Spazieren oder Laufen. Achte auf die passende Kleidung. Gerade die passenden Schuhe sind ein Segen für den Laufkomfort. Finde einen passenden Zeitpunkt in deinem Wochenplan. Nimm dir genügend Zeit für das Gehen und für die Entspannung danach.

Bereite deinen Körper sanft vor, indem du die Füße und Knie leicht kreist. Lockere deine Beine durch sanftes Schütteln. Atme tief durch und beginne langsam zu gehen/laufen. Finde einen Rhythmus, bei dem du über drei bis vier Schritte ausatmest und dann über drei bis vier Schritte einatmest. Achte auf deinen Herzrhythmus. Ein Puls von 110 bis 140 ist für Muskeln und Organe gesund.

Laufe so schnell, dass du noch weich abrollen kannst und entspannt atmest. Finde deinen persönlichen Rhythmus, bei dem du deine Bewegung genießen kannst. Wenn du merkst, dass deine Bewegung nicht rund läuft, dann suche dir einen Lauftrainer. Der geübte Blick eines Profis erspart oft viele Stunden des Selbstversuches.

Laufe solange, wie es sich gut anfühlt. Schon 5-10 Minuten sind ein Zeitraum, in dem bei regelmäßiger Praxis eine Wirkung zu spüren ist. Du kannst die Dauer, die Geschwindigkeit und die Strecke natürlich ausweiten. Doch achte auf deine persönliche Grenze. Es geht nicht darum, möglichst viele Punkte zu sammeln. Es geht um ein harmonisches Gefühl beim Laufen.

>

Laufe so, wie du leben möchtest!

Im passenden Rhythmus kannst du in ein leichtes und euphorisches Gefühl kommen. Genauso beim Wandern, Schwimmen, Radfahren, Reiten, Paddeln usw. Du fließt mit deiner Bewegung. Du befindest dich im Fluss mit deinem Körper. Merke dir dieses Gefühl und nimm es mit in deinen Alltag.

Beobachte dich am Tag nach dem Laufen. Fühlst du dich gut? Passt dein Training in dein Leben? Brauchst du mehr oder weniger? Ist ein anderer Zeitpunkt besser? Bleibe achtsam und passe dein Training deinen Anforderungen an.

Fließe mit deinem Rhythmus.

Schlaf

Erfülle dein Leben.
Erfülle deinen Schlaf.

Ein wichtiger Teil unseres persönlichen Rhythmus ist unser Wach-Schlaf-Zyklus. Wie wichtig Schlaf für unseren Energiehaushalt ist, merken wir, wenn uns der erholsame Schlaf fehlt. Nicht nur die Länge, sondern auch die Qualität unseres Schlafes beeinflussen, ob wir uns am Morgen erholt und ausgeruht fühlen. Auch im Schlaf sind wir aktiv. Wir träumen, bewegen uns, verdauen unseren Tag mit seinen Eindrücken.

Der Schlaf ist ein wichtiger Teil unseres Lebens.

Für die Qualität unseres Schlafes können wir einiges tun.
Wir können uns einen ruhigen und bequemen Schlafplatz schaffen. Können abends leicht essen, uns angenehm betten und genügend Zeit für unseren Schlaf nehmen. Ein weiterer wichtiger Faktor für einen erholsamen Schlaf ist das, was wir mit in den Schlaf nehmen. Wenn wir uns anstrengende Gedanken mit ins Bett nehmen, dann beschäftigen uns diese Gedanken in der Nacht. So kosten uns diese Ideen Kraft und einen Teil unseres Schlafes.

Wenn wir zum Beispiel vor dem Einschlafen einen Krimi sehen, dann ist unsere innere Bilderwelt bis in die Träume hinein mit Spannung und Verbrechen beschäftigt. Wenn wir abends noch ein paar Büroaufgaben erledigen und danach hinlegen, dann bleibt unsere Aufmerksamkeit noch bei diesem Thema. In der Übergangsphase zum Schlaf liegt ein großes Potenzial.

So, wie wir mit einem bewussten Morgenritual unsere Ideen vom Leben mit in den Tag nehmen, so können wir unseren Schlaf bewusst mit Bildern und Gedanken erfüllen. Wenn wir uns vor dem Einschlafen bewusst mit angenehmen Gedanken, Themen und Ideen beschäftigen, können wir diese mit in den Schlaf nehmen. Und wir schenken uns gleichzeitig einen erholsameren Schlaf. Ein bewusster Übergang von der Aktivität in die Ruhe ist ein kraftvolles Werkzeug.

Gönne dir bewusstes Einschlafen.

ÜBUNG

Schritte in den Schlaf

Lege deine Aufmerksamkeit auf den Übergang zum Schlaf. Was sind deine Gewohnheiten? Legst du dich einfach hin oder bereitest du dich vor? Welche Gedanken nimmst du mit in den Schlaf?

Finde einen angenehmen Übergang in den Schlaf. Nimm dir vor dem Einschlafen einige Minuten Zeit. Atme langsam und tief durch. Lasse deinen Atem deinen Körper und deine Organe massieren. Spürst du Verspannungen? Dann lockere die Körperbereiche durch einige sanfte Abend-Dehnungen.

Beschäftigen dich bestimmte Gedanken? Möchtest du diese Gedanken mit in den Schlaf nehmen? Wenn nicht, dann lies ein paar Zeilen in einem erbaulichen Buch. Oder widme dich deiner Wunschliste. Erfülle deine Traumwelt bewusst mit dem, was zu dir passt.

»Wenn du dein Leben erfüllen möchtest,
dann erfülle auch deinen Schlaf.

Essen

Du bist, wie du isst.

Essen ist ein wichtiger Teil unseres Lebens. Wir wissen, dass unsere Ernährung eine Voraussetzung für eine stabile Gesundheit ist. Unsere Nahrung bekommt viel Aufmerksamkeit. Es wurden viele Ernährungskonzepte entwickelt, die erklären, was wir essen sollten. Doch über die Gesundheit hinaus hat Essen eine wichtige soziale Komponente. Wir können für jemanden kochen, wir können uns bekochen lassen. Wir treffen uns zum gemeinsamen Essen. Wir essen, wenn wir einen Ausgleich suchen. Manchmal können wir nicht essen, wenn wir Stress haben.

Essen ist viel mehr, als nur Ernährung.

Es ist nicht nur wichtig, was wir essen. Es ist auch wichtig, wie wir essen. Wenn wir unser Essen nebenbei im Laufen essen, dann können die Inhaltsstoffe noch so gut sein. Es wird uns nicht so nähren, wie die gleiche Nahrung nach einer ruhigen Mahlzeit. Oft essen wir nebenbei. Dann ist das Essen irgendwann vorbei und wir wissen nicht, wie es geschmeckt hat. Wenn wir nebenbei einen Actionfilm schauen, dann nehmen wir nicht nur unsere Nahrung, sondern auch die Spannung aus dem Film auf. Solch ein Mahl kann geschmacklich noch so ausgewogen sein. Es wird uns nicht so befriedigen, als wenn wir dasselbe Essen genussvoll kauen und jeden Bissen bewusst wahrnehmen.

» Es ist nicht nur wichtig, was wir essen.
Wichtig ist auch, wie wir essen.

Wenn wir nur gesundes Essen zu uns nehmen, dabei aber ein schlechtes Gewissen haben, dann wirkt sich auch diese Einstellung zum Essen auf unseren Körper raus. Es ist nicht so stärkend, als wenn wir mit Freude und Genuss essen, was uns schmeckt. Nicht nur das Auge isst mit. Der ganze Körper isst mit. Wenn wir ihn lassen!

Gerade beim Essen können wir durch die Umsetzung einfacher Ideen eine große Wirkung erreichen.

ÜBUNG

Genussvoll essen

Widme dich der Art und Weise deiner Ernährung. Achte darauf, wie du isst. Wende die Übung zu Beginn auf eine Mahlzeit am Tag an. Du kannst weiterhin das essen, was dir schmeckt. Aber genieße es mit allen Sinnen. Lenke dich nicht durch Zeitung, Radio oder Fernsehen ab. Schenke dir für diese Mahlzeit Ruhe und Bewusstsein.

Schau dir dein Essen an. Wähle deinen nächsten Happen bewusst aus. Kaue genussvoll. Rieche und schmecke deine Nahrung. Befriedigt sie dich? Spüre, wann du satt bist. Iss bis zur Grenze, aber nicht darüber hinaus. Spüre, wie du dich nach dem Essen fühlst. Bist du kraftvoll oder müde?

Widme deiner Mahlzeit deine volle Präsenz. Mache es dir zur lieben Gewohnheit, einmal am Tag voller Hingabe zu essen.

» Guten Appetit.

Die Gefühle

Wir haben Flügel zum Fliegen.
Wir haben auch Krallen, um zu verletzen.

Wir sind emotionale Wesen. Jeder von uns hat seine persönliche Grundstimmung. Jeder hat seine emotionalen Gewohnheiten. Täglich erleben wir Situationen, die Emotionen in uns auslösen. Unsere Gefühle und Emotionen sind Hinweise auf unsere innere Welt. Wenn wir unsere Emotionen und Gefühle beachten, weisen sie uns darauf hin, ob zwischen unserem äußeren Erleben und der inneren Welt Harmonie herrscht.

Achtest du auf deine Gefühle?

Der bewusste Umgang mit unseren Gefühlen schenkt uns einen Zugang zu unserer Innenwelt. Bewusst erlebte Gefühle verbinden uns mit unserem Sein. Wir erhalten einen Zugang zu der Kraft hinter unseren Gefühlen. Mit dieser Kraft können wir unserer Innenwelt Ausdruck verleihen. So werden Träume Wirklichkeit und Visionen erschaffen Realität.

Lebe deine Gefühle. Nutze deine Lebenskraft.

Fließen lassen

Emotionen sind Lebens-Energie in Bewegung.

Wir sind emotionale Wesen. Genauso, wie wir unseren physischen Körper im Alltag immer dabei haben, ist unser Emotionalkörper unser ständiger Begleiter. Obwohl unsere Gefühle unser Leben grundlegend beeinflussen, behandeln wir sie im Alltag oft stiefmütterlich. Aber sie sind da.

Wenn wir Situationen erleben, die in Beziehung zu unseren Wünschen, Gedanken oder Glaubenssätzen stehen, zeigen sich Emotionen. Wenn ein Fußballfan erfährt, dass seine Lieblingsmannschaft gerade ein wichtiges Spiel verloren hat, dann kann das zu einem starken Gefühlsausbruch führen. Ein Mensch, der sich nicht für Fußball interessiert, bleibt von der gleichen Nachricht unberührt.

Manche Emotionen bekommen eine positive Bewertung und manche haben einen negativen Beigeschmack. Doch sie sind alle Ausdruck unserer Lebenskraft. Sie sind Hinweise auf unsere innere Welt. Selbst, wenn uns diese Wünsche und Gedanken nicht bewusst sind, sie sind trotzdem in der Lage, Gefühle auszulösen. Auch Unbewusstes wirkt.

Emotionen sind eine Brücke zwischen der äußeren Welt und der inneren Welt.

Der Fußballfan zeigt seine Gefühle bestimmt. Doch wir drücken unsere Gefühle im Alltag oft nicht aus. Damit sind nicht nur gewaltige Gefühlsausbrüche gemeint. Es sind die ganz kleinen natürlichen Äußerungen unseres Befindens gemeint.

Wenn eine Wut schon ausgedrückt wird, wenn sie noch ein kleines Wütchen ist, dann ist sie nicht zerstörerisch. Ja, an der passenden Stelle ausgedrückt, wirkt sie sogar klärend. Erst wenn wir eine Wut lange aufstauen, kann sie zerstörerisch werden. Erst, wenn wir einer Trauer keinen Raum geben, wird sie überwältigend. Wenn wir uns jeden Morgen erinnern, dass dieser Tag einzigartig ist, dann sind wir uns der Endlichkeit der schönen Dinge bewusst. Wir werden unsere Umwelt und Mitmenschen anders behandeln.

Wir wissen, dass wir uns irgendwann verabschieden (müssen). Dann ist die Trauer ein natürlicher Teil eines schönen und erfüllten Lebens.

Als Kinder waren wir meistens sehr gut in der Lage, unsere Emotionen voller Überzeugung auszudrücken. Doch unsere Mitmenschen mussten mit der Kraft der ungefilterten Gefühle zurecht kommen. Durch Erziehung und Erfahrung lernen wir, Gefühle anders auszudrücken oder zu verbergen. Das führt manchmal dazu, dass wir unsere Gefühle in der Situation selbst nicht mehr spüren. Und trotzdem tragen sie immer noch die gleiche Lebenskraft in sich. Es lohnt sich, diese Kraft zu leben.

ÜBUNG

Das kleine Ventil

Achte in der folgenden Woche darauf, welche Gefühle du an dir magst und welche du nicht magst. Lerne dich selbst genauer kennen. Du kannst auch Freunde fragen, für welche Gefühle du bei ihnen bekannt bist. Das hilft dir, zu verstehen, welche Gefühle du wahrscheinlich versteckst.

Bringe deine Gefühle in Fluss. Drücke sie durch kleine Gesten und Handlungen aus. Achte dabei gerade auf Gefühle, die du selten ausdrückst oder negativ bewertest. Lenke deine Aufmerksamkeit darauf, was in dir passiert. Erlaube dir, deiner inneren Welt Ausdruck zu verleihen. Wenn du eine Situation erlebst, in der ein Gefühl hochkommt, egal ob es ein Minigefühl ist, drücke

>

es aus. Finde dafür deinen individuellen Ausdruck. Durch die Äußerung deiner Gefühle kannst du dich im Leben ausdrücken.

» Öffne deinem Inneren einen Weg nach außen.

Hier einige Beispiele: Wenn du etwas Schweres trägst, dann gib deiner Anstrengung Ausdruck und stöhne ein wenig. Wenn du überrascht bist, dann zeige deine Überraschung mit einem kurzen „Ohh“ oder „Ahh“. Drücke deine Freude oder deinen Ärger aus. Manchmal reicht schon ein kräftiger Schnaufer, um genau das auszudrücken, was gerade in uns passiert.

Genieße diese kleinen Möglichkeiten. Werde kreativ und drücke deine Gefühle spielerisch aus. Nutze die Klangfarbe deiner Stimme, deine Mimik und Gestik. Bring Leben in den Ausdruck deiner Gefühlswelt.

» Bring die Farbe der Emotionen in deinen Alltag.

Das innere Lächeln

Ein Lächeln ist die Brücke
in eine Welt voller Wunder.

In unserer Gesellschaft haben wir uns darauf geeinigt, dass ein freundlicher Umgang miteinander in der Regel angenehmer ist. So ist auch ein freundliches Lächeln ein Teil unserer täglichen Gesten. Das ist nett. Doch es kann sein, dass wir dieses Lächeln nicht innerlich spüren. In stressigen Situationen tragen wir unser Lächeln wie eine Maske. Das Lächeln erreicht nicht einmal unsere Augen, geschweige denn unser Herz. Damit verliert es an Kraft.

Dabei hat ein wahrhaftiges Lächeln eine gewaltige Kraft. Unser Lächeln fokussiert unsere Aufmerksamkeit sanft aber effektiv. Und unsere Energie folgt unserer Aufmerksamkeit. Beim Lächeln passiert das ganz ohne Anstrengung.

Unser Lächeln fokussiert unsere Energie.

Wenn wir mit dieser Geste bewusster umgehen, dann schenken wir uns selbst den Zugang zu einer gewaltigen Kraft. Unserer Lebenskraft.

ÜBUNG

Das innere Lächeln

Nimm dir jeden Morgen 5 Minuten Zeit und schenke dir selbst dein Lächeln. Lächele dich im Spiegel an und wünsche dir selbst von ganzem Herzen einen erfüllten Tag. Schau dir direkt in die Augen und dann wende dein Lächeln nach innen.

Lächele in deinen Kopf. Dein Unterkiefer entspannt sich. Deine Zunge und deine Zähne bekommen ein Lächeln. Deine Ohren, deine Augen und jede Nervenzelle in deinem Gehirn bekommt ein Lächeln. Vielleicht lächeln sie ja zurück.

Du wanderst mit deinem Lächeln weiter in den Hals. Der Kehlkopf entspannt sich. Die Schilddrüse, die Luftröhre, die Speiseröhre bekommen dein Lächeln. Dein Lächeln fließt weiter in den Brustkorb. Bronchien, Herz, Lunge, Thymusdrüse … alle bekommen dein Lächeln. Und mit dem Lächeln bekommen sie deine Energie.

Gehe mit deiner Aufmerksamkeit zum Magen, zur Bauchspeicheldrüse, zu Leber und Gallenblase, zu den Därmen, zur Milz, den Nieren und den Nebennieren. Jede Zelle deines Körpers bekommt die Energie, die sie gerade braucht. Auch die Muskeln und Knochen, die Nerven und Blutgefäße bekommen dein Lächeln. Jedes Blutkörperchen erfüllst du mit deinem Lächeln.

>

Dein Lächeln fließt durch deine Blutgefäße, es saust deine Wirbelsäule hoch und runter. Gehe weiter mit deiner Aufmerksamkeit in deinen Beckenraum und schenke deinen Ausscheidungsorganen, deinen Sexualorganen, dem Becken, den Hüftgelenken dein Lächeln.

Gehe Schritt für Schritt weiter in die Oberschenkel, die Knie, die Unterschenkel, die Fußgelenke, die Füße, die Zehen. Nimm dir Zeit, bis dein Körper von den Zehenspitzen bis in die Fingerspitzen voller Lächeln ist. Diese Übung hat eine heilsame Kraft. Wenn ein Körperbereich dein Lächeln heute besonders braucht, dann atme tief durch und schenke dieser Stelle deine besondere Aufmerksamkeit.

Zu Beginn braucht das innere Lächeln etwas Übung. Dadurch profitieren auch deine Konzentration und Körperwahrnehmung. Nach einer Weile fließt das Lächeln wie von selbst durch deinen Körper. So wird es kräftiger und hilft dir auch in anstrengenden Situationen, deine innere Balance zu halten.

» Schenke dir ein wirkliches Lächeln!

Wut

Wut kann beides sein:
Gewalt oder Schöpferkraft.

Wut hat für uns oft einen negativen Beigeschmack. Eigentlich sollte man nicht wütend werden. Wut ist schlecht. Wut ist destruktiv.

Aber eine Emotion ist das Zusammenspiel unserer inneren Welt mit der erlebten Welt. Wenn etwas gegen unsere Wünsche oder Erwartungen läuft, dann zeigt uns ein kleines Wütchen, dass da etwas nicht übereinstimmt. Wir können auch versuchen, die Wut zu unterdrücken. Dann wird sie von Erlebnis zu Erlebnis wachsen. Und irgendwann haben wir nicht mehr die Wut, sondern die Wut hat uns.

Wut an sich ist nicht destruktiv.
Nur der Umgang damit.

Wir können uns von dem Wütchen erinnern lassen, achtsam zu sein. Wir schauen nach innen. Worauf weist uns unsere Emotion hin? Sie ist ein Spiegel unserer Erwartungen, Glaubenssätze und Wünsche. Wenn wir in diesen Spiegel schauen, erkennen wir die Chance. So verhilft uns unsere Wut zu mehr Klarheit. Und sie trägt auch den kreativen Impuls in sich, aktiv zu werden.

Dafür gibt es viele Möglichkeiten. Wir können ausdrücken, was wir uns wünschen. Natürlich sind unsere Mitmenschen nicht dazu da, um uns alle Wünsche zu erfüllen. Aber manchmal haben sie Lust darauf. Oder wir erfüllen uns den Wunsch selbst. Oder ändern unsere innere Einstellung und akzeptieren die Situation so, wie sie ist. Zu alledem kann uns unsere Wut anregen. Wenn wir sie beachten.

Wut kann einen kreativen Impuls
in unserem Leben setzen.

ÜBUNG

Wütchen und Wut

Widme dich in dieser Woche Situationen, in denen du unzufrieden bist. Schenke diesen Momenten deine volle Aufmerksamkeit. Beobachte, was genau dich ärgerlich oder wütend macht.

Hast du einen unerfüllten Wunsch? Werden deine Erwartungen enttäuscht? Hält sich deine Umgebung nicht an deine inneren Regeln? Oder bist du nicht wütend, sondern traurig oder ängstlich?

Erkenne, worauf deine Wut dich hinweist. Egal, welchen Grund du für deine Wut erkennst. Sei dir bewusst, dass du nicht deine Wut bist. Du musst nicht wütend handeln, weil du Wut spürst. Du hast die Wahl. Erkenne, was hinter der Wut steht. Werte, Wünsche, Ansprüche, die du an die Situation hast. Dann entscheide dich für die Handlung, die dir jetzt am meisten entspricht. Sei kreativ. Finde den besten Weg, deine Wünsche im Einklang mit deiner Umwelt zu erleben.

Wenn du einmal zu lange gewartet hast. Wenn du spürst, dass die Wut schon zu groß ist, um noch freundlich zu sein. Selbst, wenn es dir erst mitten im Streit auffällt. Halte inne! Lasse nicht zu, dass dein Umgang mit deiner Wut das zerstört, was du erreichen willst.

» Du musst nicht wütend handeln,
weil du Wut spürst.

>

Wenn deine Wut zu groß ist, stoppe sofort. Verziehe dich in einen geschützten Raum. Öffne das Ventil an einer Stelle, wo die Wut nicht destruktiv wirkt. Nimm dir ein Kissen oder einen Sandsack. Und dann schlage und schreie, was das Zeug hält. Bleibe dabei absolut klar. Beobachte dich und die Kraft deiner Wut. Du bist nicht die Wut. Die Wut ist ein Teil deiner Kraft. Wenn du dich alleine nicht an deine Wut herantraust, dann finde eine Gruppe mit einer professionellen Leitung. Finde einen Weg, kreativ mit deiner Wut umzugehen.

» Lass dich von deiner Wut wecken.
Lebe deine kreative Kraft.

Verzeihung

Verzeihung ist das Geschenk
der Freiheit an uns selbst.

Selbst, wenn unsere Mitmenschen so achtsam wie möglich mit uns umgehen. Es wird immer Situationen geben, in denen unsere Umwelt gegen unsere Wünsche handelt. Natürlich können wir dann ausdrücken, was wir genau wollen. Wir können auch versuchen, die Situation zu ändern. Doch bei allen Anstrengungen wird es nicht immer gelingen. Wir haben nicht immer die Kontrolle über die Ereignisse in unserer Welt.

Oft suchen wir in diesen Momenten nach einem Schuldigen. Selbst, wenn ein einzelner Mensch die Umstände beim besten Willen nicht kontrollieren kann. Es kann sein, dass wir uns selbst oder unseren Mitmenschen die Schuld zuschreiben.

Das mag mitten in der Situation verständlich sein. Doch es bindet uns an diese Situation und die beteiligten Menschen. Es kostet uns enorm viel Kraft, uns selbst oder andere in der Schuld zu halten. Und vor allem macht es die Situation nicht besser.

Verzeihung erlaubt uns
einen Schritt nach vorne.

Wenn wir verzeihen, dann erlauben wir uns einen Schritt nach vorne. Wir lösen uns aus der Situation und befreien unsere Lebenskraft. Verzeihen bedeutet nicht, dass alles gut war. Wir können aus der Situation lernen. Verzeihung bedeutet auch nicht Vergessen. Wir wissen weiterhin, was passiert ist. Und wir wissen vielleicht noch besser, was zu uns passt. Verzeihen ist die Einsicht, dass Schuldzuweisungen die Vergangenheit nicht ungeschehen machen. Und die Erkenntnis, in Zukunft achtsam zu sein.

ÜBUNG

Die Kraft der Verzeihung

Schreibe dir Situationen und Menschen auf, die dich verletzt oder enttäuscht haben. Schreibe auch kleine scheinbar unwichtige Ereignisse auf.

Wähle ein Ereignis. Erinnere dich genau an den Moment. Spüre, ob du jetzt noch Kraft in diese vergangene Situation steckst. Eine Situation, die nicht mehr zu ändern ist. Schenke den beteiligten Personen ein verständnisvolles Lächeln und verzeihe ihnen.

» Verzeihe auch dir selbst!

Das bedeutet nicht, dass du alle Handlungen gut findest. Es bedeutet auch nicht, dass du selbst wieder genauso handeln musst.

>

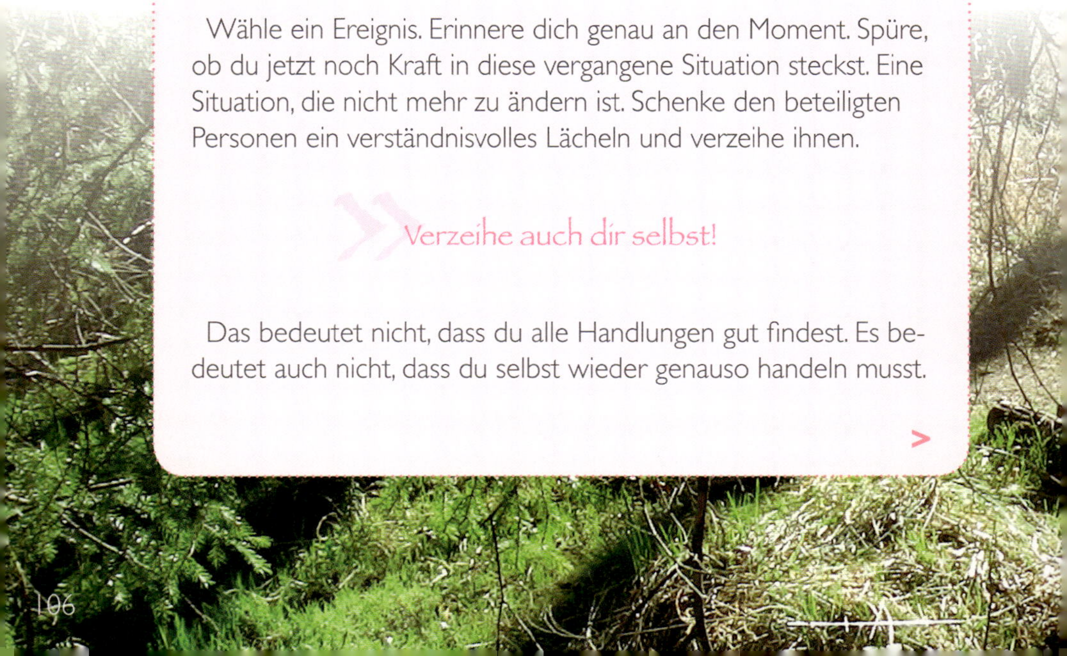

Es bedeutet, dass du die Ketten der Schuldzuweisung und Verurteilung sprengst. Du befreist dich und du lässt auch die beteiligten Personen frei. Du machst dich frei für den nächsten Schritt.

Es kann sein, dass du bestimmte Dinge nicht verzeihen willst. Das ist deine Entscheidung. Sei dir im Klaren, dass du damit die Dinge nicht ungeschehen machst. Durch Verurteilung und Schuldzuweisung bindest du dich an Menschen und Situationen, die du so nicht wählen würdest.

» Befreie dich von der Last der Schuld.

Wenn du möchtest, übe dich 30 Tage lang täglich im Verzeihen. Räume deine Erfahrungen und Bindungen auf. Vielleicht fühlt es sich ungewohnt an. Beobachte deine innere Einstellung zu den Situationen und Menschen, an die du denkst.

Verzeihung ist keine Pflichtübung. Gehe deine Schritte zu deiner Zeit. In Achtsamkeit wird die Verzeihung im richtigen Moment passieren. Und du schenkst dir wertvolle Lebensenergie! Deine eigene.

» Genieße deine Freiheit.

Trauer

> Manchmal erkennen wir den Reichtum unseres Lebens erst, wenn wir ihn nicht mehr haben.

Im Verlauf unseres Lebens müssen wir uns immer wieder von Personen und Orten verabschieden. Wir würden sie gerne behalten, doch sie gehen aus unserem Leben. Durch Streit, Tod oder einfach, weil der Weg uns weiterträgt. Durch den Verlust wird uns bewusst, wie wichtig uns dieser Teil des Lebens war.

> Trauer ist eine Erkenntnis, wie wertvoll unser Leben ist.

Trauer passiert manchmal mit Vorankündigung und manchmal völlig unerwartet. Doch meistens passiert es mitten im Alltag. Dadurch kommen wir in eine Zwickmühle. Eigentlich sind wir traurig, verstört und die alltäglichen Aufgaben sind uns im Moment nicht so wichtig. Und doch wollen wir weiter funktionieren. Wir erfüllen unsere Aufgaben weiter, obwohl uns dieser Alltag gerade nicht erfüllt. Die Trauer braucht Platz.

Durch bewusstes „Traurig - Sein" schenken wir uns den Raum zu spüren, was uns wichtig ist. Wir sind nicht die Trauer, die Trauer ist ein Ausdruck für das, was uns wichtig ist. Wir schenken unserer

Welt durch Trauer eine Bedeutung. Dafür ist es nie zu spät. Aber es braucht Zeit. Wenn wir uns der Trauer bewusst widmen, dann kommt uns früher oder später auch der Gedanke an das, was wir jetzt haben. Alles wird den Weg des Irdischen gehen. Doch wir können es jetzt bewusst genießen.

» Trauer ist eine Erinnerung an den Wert dieses Momentes.

ÜBUNG

Trauer zulassen

Hast du etwas, worüber du traurig bist? Widme dich deiner Trauer. Erinnere dich daran, was dir Freude bereitet hat und für dich wichtig war. Lasse das Gefühl der Trauer zu. Manchmal dauert es eine Weile, bis man traurig sein kann. Wenn der Moment gekommen ist, dann lass deiner Trauer Raum.

Das können auch kleine Momente sein. Vielleicht hörst du dazu traurige Musik. Oder du gehst in die Natur. Vielleicht wählst du auch einen bestimmten Ort, an den du gehst, um zu trauern. Trauer ist ein sehr persönlicher Prozess. Manchmal bietet sich die Möglichkeit, die Trauer mit Freunden und der Familie gemeinsam zu erleben. Es kann helfen, Trauer mit einem vertrauten Menschen zu teilen. Wenn die Trauer überwältigend wird, ist eine professionelle Trauerbegleitung eine gute Wahl. Jemand, der weiß, wie wichtig dieser Schritt ist.

>

Trauer ist ein Schritt vom Gestern ins Jetzt.
Dieser Schritt braucht Raum.

Wenn du einen Verlust erlebt hast, schaue darauf, was dir wirklich wichtig war. Dann schaue ins Jetzt. Ist das Jetzt auch noch wichtig? Erinnere dich. Du bist nicht deine Trauer. Deine Trauer ist Ausdruck für deine Werte und Wünsche. Und wenn du sie erleben möchtest, dann in der Gegenwart.

Gib deiner Trauer Raum
und lebe dein Leben im Jetzt.

Mitleid und Mitgefühl

Mitgefühl verringert das Leid in uns
und um uns herum.

Wenn wir gemeinsam mit lieben Menschen durch unser Leben gehen, dann berühren uns auch deren Erlebnisse. Wir teilen Erfahrungen und erleben gemeinsame Situationen. Durch dieses Miteinander werden wir reicher.

Wir teilen unsere Freude am Leben mit unseren Freunde, und sie vermehrt sich. Erfahrungen von Leid und Schmerz sind gemeinsam leichter zu tragen. In manchen schweren Situationen wird von uns erwartet, dass wir selbst zu leiden beginnen. Doch Mitleid ist nicht immer der passende Weg.

Wenn wir auf dem gemeinsamen Weg selbst leiden, dann helfen wir damit niemandem. Wir können die Situation unserer Mitmenschen auch ohne eigenes Leiden mitfühlen. Anteilnahme braucht kein Leid. Wir können unser Verständnis durch Mitgefühl zeigen, ohne das Leid des Anderen zu vermehren.

Dasein, Fühlen, Teilen, Begleiten.
Mit - Fühlen.

Im Mitgefühl bleiben wir handlungsfähig. Wir können unsere Mitmenschen unterstützen. Und wenn es sonst nichts zu tun gibt, dann helfen wir durch Präsenz und Verständnis. Manche Dinge erleben wir besser gemeinsam. Manchmal hilft schon Da-Sein.

ÜBUNG

Mitgefühl statt Mitleid

Widme dich in dieser Woche deiner Art, Schmerz, Trauer und schwere Zeiten mit deinen Mitmenschen zu teilen. Egal, ob es sich um aktuelle oder vergangene Ereignisse handelt. Schaue dir deine Gewohnheiten an.

Wenn ein dir nahestehender Mensch leidet. Bist du selbst betroffen? Wenn ja, was berührt dich genau? Spürst du Verlust, Trauer, Schmerz? Erkenne deinen Anteil am Leid. Wenn du leidest, finde eine passende Art, mit der Situation umzugehen.

» Leidest du oder fühlst du mit?

Wenn du nicht direkt von den Ereignissen betroffen bist, hast du die Möglichkeit, deiner Umgebung durch deine Präsenz Kraft und Zuversicht zu schenken. Gibt es eine aktuelle Situation, in der du Anteil nimmst?

>

Wie kannst du deine Anteilnahme äußern?
Welche Gesten, Worte oder Handlungen fallen dir ein?
Findest du den Mut, das auszudrücken?

Meistens geht es nicht darum, etwas besser oder gar ungeschehen zu machen. Oft hilft Anteilnahme und Da-Sein. Dazu musst du selbst nicht leiden. Es reicht, wenn du die Lage deiner Mitmenschen erkennst und mitfühlst. Erinnere dich in schwierigen Lebenslagen an diesen essentiellen Unterschied.

Mitgefühl.
Zeige deine innere Kraft in den
schweren Situationen des Lebens.

Der Atem

Unser Atem.
Fluss und Brücke zugleich.

Unsere Atmung begleitet uns durch unser Leben. Als unbewusster Vorgang, sowie als kraftvolles Werkzeug. Durch unseren Atem kommen wir leicht in Kontakt mit unserer Lebensenergie. Wir bringen uns in Fluss. Und wir finden eine Brücke zu unserer inneren Welt.

Der Atem ist die Brücke zur inneren Welt.

Dieser Weg steht uns jeden Moment offen. Auch mitten im Alltag. Wenn wir unserem Atem Aufmerksamkeit schenken, dann fällt es uns leichter, im Fluss des Lebens erfüllt und glücklich zu sein.

Beachtest du deinen Atem?

Atemstille – Werde still und atme.

Unser Atem ist ein interessanter Vorgang. Er kann den ganzen Tag unbemerkt vor sich hin fließen und doch können wir ihn beeinflussen. Unser Atem ist eng mit unserer Innenwelt verbunden. Unsere Gefühle und Gedanken beeinflussen die Art, wie wir im Moment atmen. Und unser Atem beeinflusst, wie wir uns fühlen. Diese Verbindung wirkt in beide Richtungen.

Das können wir nutzen, um uns zu balancieren und neue Kraft für unseren Alltag zu schöpfen. Unser Atem reagiert schon darauf, dass wir ihn beobachten. Fünf Minuten bewusster Atem verankern uns tief in der Kraft unseres Selbst.

Bewusst atmen.

Unsere innere Intelligenz kommt ins Fließen.

ÜBUNG

Atemstille

Es gibt sehr viele Atemübungen mit einer hervorragenden Wirkung. Eine der wundervollsten Übungen ist die Atemstille. Du schenkst deinem Atem deine Aufmerksamkeit.

Setze dich bequem und aufrecht hin. Schließe deine Augen und beobachte deinen Atem. Spüre, was es zu spüren gibt. Wo bewegt sich dein Körper beim Einatmen? Wo spürst du beim Ausatmen die erste Bewegung? Entsteht nach dem Einatmen eine kurze Pause oder kommt das Ausatmen gleich? Was passiert nach dem Ausatmen? Bleibe für fünf Minuten mit deiner Aufmerksamkeit vollkommen beim Atem.

Deine Aufmerksamkeit beeinflusst deinen Atem. Der Rhythmus wird sich verändern. Vielleicht kommen andere Körperbereiche in Bewegung. Lasse es geschehen und beobachte. Wenn du dich in Gedanken verlierst oder abgelenkt wirst, dann gehe ganz locker mit der Aufmerksamkeit zu deinem Atem zurück.

»Da sein – atmen – in Harmonie sein.

Raum für den Atem

Raum für Atem ist Raum
für Lebenskraft.

Jeder von uns hat eine bestimmte Gewohnheit zu atmen. Wir haben Lieblingsbereiche, mit denen wir atmen. Es gibt Brust- und Bauchatmer. Manch einer von uns atmet auf einer Seite mehr. Die Spannungen des Alltags und Stress beeinflussen unsere Atemgewohnheiten. So entwickeln wir unsere Art, zu atmen.

Es gibt dabei kein „Richtig" oder „Falsch". Doch wie jede Gewohnheit, haben auch unsere Atemgewohnheiten Vor- und Nachteile. Das Atmen in bestimmten Körperbereichen trainiert unsere Muskulatur. Durch unseren Atem können wir unsere Muskulatur kräftigen und unsere Haltung stabilisieren.

Bei bestimmten Gefühlen atmen wir auf eine bestimmte Art und Weise. Wir atmen anders, wenn wir aufgeregt, traurig oder nervös sind. Unsere Atemgewohnheiten bevorteilen bestimmte emotionale Zustände. Durch Atemübungen harmonisieren wir unsere Gefühlswelt und unterstützen unsere Präsenz. Unser Atem ist ein Schlüssel zu einem ausgewogeneren Leben. Dazu bedarf es etwas Übung und Aufmerksamkeit.

ÜBUNG

Die Atemräume

Bei dem Versuch, voll zu atmen, drängeln sich die besser trainierten Körperbereiche vor. Wenn du jedem Atembereich einzeln deine volle Aufmerksamkeit schenkst, dann kommt dein Atem in genau diesem Bereich in Fluss.

Setze dich aufrecht hin. Achte auf bequeme Kleidung, die eine freie Atembewegung zulässt. Beobachte zu Beginn deine Atmung. Wo bewegt sich dein Körper, wenn der Atem frei fließen kann. Gehe nach einigen Atemzügen mit deinem Fokus in den *Beckenraum.* Verstärke die Atembewegung im Beckenraum. Hebe beim Ausatmen den Beckenboden und den Anus nach oben innen. Ziehe die Leistengegend nach innen. Ziehe auch dein Kreuzbein nach innen. Lasse die Spannung beim Ausatmen bewusst los. Dehne deinen Beckenraum aus. Atme eine Weile nur im Beckenraum. Dann lasse die Atmung wieder frei fließen.

Lege deinen Fokus als Nächstes in den *Bauchraum.* Beginne beim Ausatmen den Bauch nach innen zu ziehen. Lasse ihn beim Einatmen wieder ausdehnen. Lege die Hände auf die unteren Rippen und atme bewusst in deine Seiten.

>

Der Atem ist ein Schlüssel
zu einem harmonischen Leben.

Dehne die Seiten aus und ziehe sie wieder zusammen. Dann lege die Hände auf den unteren Rücken (du kannst dich dabei ein wenig vorbeugen), atme in den Lendenwirbel- und Nierenbereich. Lasse deinen Atem nach einer Weile wieder frei fließen.

Gehe mit der Aufmerksamkeit in den *Brustkorb.* Dehne deinen Brustkorb beim Einatmen weit aus. Hebe deine Schultern, so dass die Luft bis in die Lungenspitzen kommt. Beim Ausatmen senke die Schultern und ziehe deinen Brustkorb zusammen. Bewege deine Schulterblätter mit der Atmung. Aktiviere deinen Brustkorb und Schultergürtel.

Zum Abschluss atme einige Male mit Becken, Bauch und Brustkorb gemeinsam. Achte darauf, dass sich alle Bereiche mitbewegen. Es kann sich so anfühlen, als würdest du von den Fußsohlen bis unter die Schädeldecke ein- und ausatmen. Aktiviere deine Atemräume regelmäßig. Lasse deinen Atem im Alltag fließen, wie er will. Voll atmen können bedeutet nicht, voll atmen müssen.

Atme mit deinem ganzen Körper und
lasse deinen Atem frei.

Gegensätze

Geben und Nehmen. Gegensätze, die sich im Atem und im Leben vereinen.

So, wie es Rechts- und Linkshänder gibt. So gibt es auch Ein- und Ausatmer. Unsere Gewohnheit zu atmen, beeinflusst unser ganzes Leben. Wir bevorzugen bestimmte Steh- und Sitzhaltungen, bestimmte Schlafstellungen. Wir können uns in bestimmten Haltungen besser konzentrieren oder eben schlechter.

Nicht bei jedem von uns ist der Ein- oder Ausatmer dominant. Doch auch eine kleine Tendenz beeinflusst unser tägliches Leben. Die Gewohnheit ist für uns so normal, dass wir unsere Neigung nicht wahrnehmen. Durch bewusstes Üben von Einatem und Ausatem schenken wir uns eine größere Freiheit für unsere Bewegungen und Haltungen im täglichen Leben.

Bewusster Atem schenkt uns Freiheit.

Da sich unser körperliches Befinden auf alle Lebensbereiche auswirkt, verändert sich mit unserer Atmung auch unser Geben und Nehmen in anderen Gebieten. Atmend unterstützen wir die innere und äußere Balance. Unsere Energie hat es leichter, im Fluss zu bleiben.

ÜBUNG

Atembalance

Aktives Ausatmen

Setze dich auf einen stabilen Stuhl. Setze dich auf die vordere Kante der Sitzfläche und stelle die Füße etwas mehr als hüftbreit auf. Dann stütze dich mit den Händen auf den Oberschenkeln ab und atme aktiv aus. Ziehe bewusst alle Körperbereiche nach innen, die können und wollen.

Der Hauptbereich ist der Becken- und Bauchraum. Beim Einatmen lässt du entspannt los. Du atmest nur ein, was passiv einfließt. Aktiviere deine Kraft beim Ausatmen und lass los beim Einatmen. Atme auf diese Art zwei bis drei Minuten und lasse deine Atmung wieder frei fließen.

Beobachte dich weiter. Wohin geht die Bewegung von alleine?

>

Aktives Einatmen

Lehne dich sanft nach hinten und atme aktiv ein. Fülle alle Körperbereiche, die es wollen. Der Hauptbereich liegt im Brustkorb-Schulterbereich. Achte auf deine Wohlfühlgrenze. Beim Ausatmen lässt du die Luft ohne Kraft locker ausströmen. Atme auf diese Weise zwei bis drei Minuten. Dann lasse deinen Atem frei fließen.

Vielleicht fällt dir die eine oder andere Art der Atmung leichter. Übe beide Varianten und schaffe dir mehr Freiheit, so zu atmen, wie du es möchtest.

Atmen.

Ab-Geben können.

Auf-Nehmen können.

Wutatem

Bewusster Atem ist ein Weg zur inneren Balance.

Unser Atem ist sehr eng mit unseren Gefühlen verbunden. Unsere Atembewegung reagiert auf unsere Emotionen. Doch das funktioniert in beide Richtungen. Unser emotionaler Zustand reagiert auch auf unseren Atem.

Das ist von Vorteil, wenn wir eine stressige Zeit durchmachen. Wenn wir spüren, dass uns die innere Spannung Kraft kostet. Dann können wir uns durch unseren Atem wieder balancieren. In diesen Momenten sind Atemübungen wie der Wutatem von unschätzbarem Wert. Wir versetzen uns wieder in einen kraftvollen und kreativen Zustand. Doch nur dann, wenn wir die Übung auch wirklich praktizieren.

ÜBUNG

Der Wutatem

Natürlich gibt es eine ganze Reihe von Atemübungen, mit denen du Stress ausgleichen kannst. Die folgende Übung ist deshalb so schön, weil wir Druck ablassen können und „ganz nebenbei" in einen klaren zentrierten Zustand kommen. Einen Zustand, den wir in anstrengenden Zeiten gut brauchen können.

>

Setze dich aufrecht hin. Kreise einige Male deine Schultern und lasse sie so locker wie möglich hängen. Aktiviere deine Atemräume, so dass du voll atmen kannst. Dann atme laaaangsam und tief ein. Halte deinen Atem für 3 Herzschläge und atme doppelt so lange aus, wie du eingeatmet hast. Also seeeeehr langsam.

Dehne deinen Atem auf jeden Körperteil aus und atme wieder langsam ein. Und atme doppelt so lange aus. Atme dich so leer, wie es geht. Schmeiße beim Ausatmen alle Gedanken und Gefühle raus, die du loslassen willst. Die Ausatmung darf deine Muskulatur ruhig anstrengen. Lass bei der Einatmung die Spannung los und dehne dich aus. Öffne dich beim Einatmen für frische Lebensenergie, neue Ideen und Möglichkeiten, die zu dir passen.

Atme fünf Minuten lang. Sei mit deiner Aufmerksamkeit komplett bei deiner Übung. Praktiziere diese Übung so lange bis du sie gut kennst. Erinnere dich in angespannten Situationen daran und nutze die Übung.

Spannung loslassen,
Platz schaffen für neue Energie.

Die Gedanken

Alles um uns herum
war zuerst eine Idee.

Unser Gedankenraum ist der Ort, an dem viele Erfahrungen unseres Lebens geboren werden. Es lohnt sich, diesem Raum einen klaren bewussten Blick zu schenken. Gedanken sind Handlungen. Sie lenken unsere Lebensenergie. Sie haben genauso schöpferische Kraft, wie unsere körperlichen Taten.

Mit welchen Gedanken willst du dein Leben erfüllen?!

Wenn wir der Welt unserer gedanklichen Gewohnheit Aufmerksamkeit schenken, dann erleben wir die Interaktion mit unserer Umgebung. Wir erfahren, dass unsere Gedanken und Erwartungen unsere Welt beeinflussen. An diesem Punkt wird klar, dass wir unsere Gedanken für ein erfülltes und glückliches Leben einsetzen können.

Unterstützen deine Gedanken Glück und Erfüllung?

Das gedankliche Wohnzimmer

Sind alle Gedanken, die wir denken können, unsere eigenen?

Im Laufe unseres Lebens haben wir eine Menge Gedanken aus unserer Umgebung angesammelt. Uns wurden Fragen beantwortet, Ereignisse erklärt, wir haben uns Wortfetzen behalten und die Einstellung unserer Mitmenschen erlebt. Der Großteil unserer Gedankenwelt sind nicht unsere eigenen Gedanken.

Wir können unsere gedanklichen Gewohnheiten mit einem Gedanken-Zimmer vergleichen, in dem wir wohnen. Dort finden wir Erinnerungen an unsere Großeltern, zwischen Schulwissen, direkt neben dem Auto unseres Nachbarn und dem Kleid unserer Lieblingsschauspielerin. Manche dieser Gedanken stehen schon sehr lange in den Räumen unseres Mentalkörpers herum. Sie sind schon etwas staubig.

Obwohl wir viele Gedanken unbewusst aufnehmen, identifizieren wir uns mit unseren gedanklichen Gewohnheiten. Wenn ein Gedanke nur lange genug in unserem gedanklichen Wohnzimmer rumsteht, dann glauben wir, es sei unser Gedanke. Manchmal glauben wir auch, wir sind dieser Gedanke. Das passiert oft bei Regeln und Glaubenssätzen.

Wenn wir uns unsere Gedankenräume wie ein wirkliches Wohnzimmer betrachten, dann hätten wir viele Einrichtungsgegenstände schon lange aussortiert. Sie stehen uns nur im Weg und behindern uns. Doch noch stehen sie dort. Zum Glück können wir unser gedankliches Wohnzimmer genau wie ein physisches Zimmer aufräumen.

ÜBUNG

Das gedankliche Wohnzimmer

Erinnere dich in dieser Woche jeden Abend an ein Thema, welches du im Verlauf des Tages besprochen hast. Beobachte, welchen Standpunkt du vertrittst.

Sind das deine Ideen? Wenn ja, ist deine Meinung noch aktuell? Stammt dein Standpunkt aus einer Fernsehsendung oder einem Zeitungsartikel? Vertrittst du die Ideologie einer Firma oder die Einstellung eines Vereines? Welche Ideen werden dir von deinen Mitmenschen zu dem Thema angeboten?

>

Es ist nichts Falsches daran, sich einer Meinung anzuschließen. Doch wenn du eine Meinung äußerst, dann kann es sein, dass du diese auch vertreten musst. Das kostet Kraft und Zeit. Und in diesem Falle ist es gut zu wissen, ob du deine eigene und auch eine passende Meinung vertrittst. Wenn du Gedankengut findest, welches absolut nicht zu dir passt, dann räume es aus deinem gedanklichen Wohnzimmer.

Schaffe Ordnung
in deinem gedanklichen Wohnzimmer.

Sortiere deine Gedanken zu Themen, die dich in dieser Woche beschäftigen. Stelle dir dein gedankliches Wohnzimmer als leeren Raum vor. Richte es dir so ein, dass du dich wohl fühlst. Welche Gedanken passen zu dir? Welche Ideen und Wünsche stellst du in deinen Raum? Sei kreativ!

Wenn du möchtest, dann schreibe deine Gedanken auf. Finde eine klare Formulierung. So kannst du deine Gedanken noch einmal lesen und entscheiden, ob sie zu dir passen. Erinnere dich im Alltag an diese Ideen.

Widme den passenden Gedanken
deine Kraft.

Meinungslos

Die Dinge sind wie sie sind.
Egal, welche Meinung wir dazu haben.

Unsere Welt ist so komplex, dass wir nicht zu allen Themen informiert sein können. Und das ist auch nicht nötig. Informationen sind vor allem zu Themen wichtig, die unser persönliches Leben betreffen. In diesen Bereichen ist es auch ganz natürlich, dass wir uns eine Meinung bilden.

Durch die modernen Medien haben wir Zugang zu allen möglichen Informationen. Dadurch entsteht der Eindruck, dass wir zu diesen Themen auch eine Standpunkt haben müssen. Dieser Eindruck kann zum Druck anwachsen.

Natürlich können wir uns mit jedem Thema beschäftigen, welches uns interessiert. Dabei ist es essentiell, die Informationen zu unterscheiden. Erleben wir das Thema selbst? Ist uns das Gebiet fremd? Benötigen wir Informationen von Dritten? Aufgrund welcher Informationen wollen wir uns eine Meinung bilden? Eine Meinung, die wir wirklich vertreten können.

Wir dürfen auch mangels verlässlicher Informationen auf eine Meinung verzichten. Oder wir brauchen für unseren persönlichen Weg schlicht und einfach keine Meinung. Dann lassen wir überflüssigen gedanklichen Ballast weg.

Überflüssige Meinungen sind Ballast.
Wir können ihn abwerfen.

Wir können uns auf Gebiete konzentrieren, die uns direkt betreffen. Damit berührt unsere Haltung unseren Standpunkt im Leben. Daraus entstehen Einsichten und Ideen, die wir direkt in Handlungen umsetzen können. Handlungen, die unser Leben erfüllen. Ein klarer Standpunkt hat kreative Wirkung auf unser Leben.

Keine Meinung, aber einen klaren Standpunkt.

ÜBUNG

Meinungslos und doch mit klarem Standpunkt

Achte in der nächsten Woche bei Gesprächen darauf, ob du über eigene Erfahrungen und Erlebnisse sprichst. Oder ob du auf Informationen Dritter zurückgreifst. Wenn du diese Unterscheidung triffst, dann kannst du in einem Gespräch auch klar ausdrücken, ob du von deiner persönlichen Meinung sprichst oder ob du über einen Eindruck sprichst, den du gewonnen hast. Hier hilft dir eine klare Wortwahl.

>

„Ich habe den Eindruck, dass … .“ meint etwas ganz anderes, als: „Also das ist auf jeden Fall so und so!“

Viele Auseinandersetzungen zu gesellschaftlichen Themen finden anhand von Informationen statt, die keiner der Anwesenden selbst erlebt hat. Du kannst darauf reagieren, indem du dir den Luxus gönnst, keine Meinung zu haben.

Hat deine Meinung mit deinem Leben zu tun?

Du kannst weiterhin darüber sprechen, was du gehört und gesehen hast. Es macht Spaß, sich über ein interessantes Thema auszutauschen. Doch bringe dich nicht selbst in die Lage, einen Standpunkt zu vertreten, der nicht dein eigener ist. Schenke dir diese Freiheit. Stecke die Kraft deiner Gedanken in Themen, die dich direkt berühren.

Befreie dich vom Ballast unnötiger Meinungen.

Die Geburt der Realität

Die meisten Dinge
um uns herum
waren einmal
Gedanken.

Unsere Wünsche und Ziele geben uns eine Orientierung in unserem Leben. Wir können unsere Handlungen nach diesen inneren Wegweisern ausrichten. Doch nicht nur unsere Handlungen wirken in unser Leben hinein.

Wenn wir unsere Gedanken genauso bewusst ausrichten wie unsere Handlungen, dann nutzen wir unsere Lebenskraft auf einer sehr wirksamen Ebene. Wenn wir uns Etwas ganz genau vorstellen können, dann erkennen wir Möglichkeiten, um diese Idee umzusetzen. Mit einem klaren inneren Bild kommen wir der Sache entscheidend näher. Und wir können überprüfen, was wirklich zu uns passt.

Eine Geburt auf der gedanklichen Ebene.

Durch die Praxis des inneren Bildes lernen wir uns besser kennen. Oft haben wir keine klare Vorstellung von unseren Wünschen. Wir wissen nicht, wohin es uns zieht. Wenn wir unsere Kraft auf der gedanklichen Ebene nutzen, dann kommen wir unseren Ideen vom Leben einen Schritt näher. Wir können spüren, welche Wünsche uns im Herzen berühren.

Wir spüren, was wir aus vollem Herzen wollen.

ÜBUNG

Das innere Bild

Widme dich einem Wunsch, der dich gerade bewegt. Suche dir ein ruhiges Plätzchen. Nimm deinen Körper, deine Gefühle und Gedanken bewusst wahr. Denke an deinen Wunsch und spüre, wie du dich fühlst.

Bist du entspannt? Hast du Angst? Bist du voller Vorfreude? Hast du eine klare Vorstellung?

Gehe einen Schritt weiter. Stelle dir genau vor, was passieren würde, wenn sich dein Wunsch erfüllt. Erschaffe ein lebendiges inneres Bild. In Farbe und Ton. Mit Geruch und Geschmack. Was passiert, wenn sich dein Wunsch so erfüllt, wie es dir zu 100% entspricht? Welche Menschen sind beteiligt? Wie bist du selbst? Was tust du? Wobei lacht dein Herz?

>

Nutze deine gedankliche Schöpferkraft.
Schaffe ein Bild, bei dem dein Herz lacht.

Wenn du ein klares Bild von deiner Idee entwickelt hast, überprüfe dein Gefühl. Würdest du „Ja" sagen, wenn dir das Leben die Erfüllung deines Wunsches anbietet? Gönnst du dir selbst die Erfüllung deines Wunsches? Wenn nicht, was steht dem im Wege? Lerne deine Haltung zu deinem Wunsch kennen.

Finde ein inneres Bild, das zu dir passt. Nicht, um den Wunsch mit Gewalt durchzusetzen. Sondern, um eine Orientierung zu haben. Wenn du innerlich weißt, wobei dein Herz lacht. Dann erkennst du das Angebot, wenn es kommt. Du siehst, wenn eine Tür für dich offen ist.

Erfülle dein Leben mit den Wünschen,
bei denen dein Herz lacht.

Reinigung

Die Welt ändert sich.
Dinge kommen und gehen.

Eine regelmäßige Reinigung tut nicht nur unserer Wohnung gut. Auch unsere Gedanken vertragen ab und zu eine Reinigung. Wir entwickeln uns durch unsere Erfahrungen und Erkenntnisse weiter. So werden manche Gedanken und Glaubenssätze überflüssig. Überholte Gedanken dürfen gehen.

Manchmal haben wir das Gefühl, uns von Altem befreien zu wollen. Das ist genau wie beim Putzen. Wenn wir Vogeldreck auf der Fensterscheibe entdecken, müssen wir nicht wissen, welche Vogelart es war. Was der Vogel gefressen hat. In welchem Winkel der Dreck aufgebracht wurde. In welcher Geschwindigkeit der Vogel geflogen ist. Zu welcher Uhrzeit der Aufprall geschah. Wir müssen nicht analysieren, was war. Es fällt uns auf und wir machen es sauber.

Was wir analysiert haben, ist noch lange nicht weg.

Auf diese Art können wir auch veraltete Gedanken aufräumen. Wir müssen nicht verstehen, woher sie kommen. Wir müssen sie nicht analysieren. Wir räumen auf, bis unser gedankliches Wohnzimmer wieder klar ist. Und wenn es wieder unordentlich wird, dann räumen wir wieder auf. Wie im „echten Leben".

ÜBUNG

Das reinigende Feuer

Nimm dir einen Monat Zeit. Schreibe dir jeden Abend Dinge auf, die du loslassen möchtest. Sammle Gedanken, die dir nicht mehr entsprechen. Alte Meinungen, Glaubenssätze und Gewohnheiten.

Schreibe auf einen Zettel, was dir auffällt. Sammle deine Zettel bis zum nächsten Vollmond.

Nutze das Feuer der Reinigung. Finde einen privaten Platz. Zünde am Vollmondabend eine Kerze an. Dein Feuer der Reinigung. Stelle dir ein feuerfestes Gefäß bereit. Atme einige Male tief durch. Betrachte die Flamme. Mache dich bereit zum Loslassen. Übergib deine Zettel dem reinigenden Feuer. Einen nach dem anderen. Übergib die alte Energie dem Universum.

>

Übergib das Alte dem Feuer der Reinigung.
Nutze die Kraft eines reinigenden Rituals.

Wenn du deine Notizen dem Feuer übergeben hast, gönne dir die Zeit und atme tief durch. Vielleicht kommen dir Ideen, für die du in deinem Leben gerade Platz gemacht hast. Reinigung bietet Raum für Entwicklung. Dann nimm das Gefäß und gib die Asche zurück an das Universum. Genieße die Leichtigkeit nach der Reinigung.

Wenn du Lust hast, mache deine Vollmondzeremonie regelmäßig. Schenke dir Zeit für die innere Reinigung. Lasse Altes gehen und schaffe Platz für Neues.

Viel Freude beim Reinigen und neu sein.

Muttergedanken

Schenke deinen Überzeugungen das
Licht deiner Aufmerksamkeit.

Wir sind Wesen, die sich selbst beobachten können. Es liegt in unserer Macht, uns selbst und unsere Umgebung bewusst zu beobachten. Wir können das Beobachtete reflektieren. Das gilt auch für unsere Gedanken. Wenn wir den Fluss unserer Gedanken beobachten, dann gibt es da Gedanken, die wir leicht in Worte fassen können. Sie sind schon fast fertig formuliert. Es gibt auch Gedanken, die wir nicht so leicht in Worte fassen können. Sie sind wie innere Bilder und Überzeugungen.

Diese Gedanken fallen uns oft nicht auf, weil sie uns schon sehr lange begleiten. Sie halten sich im Hintergrund. Wenn wir zum Beispiel in unserer Kindheit die Überzeugung gewonnen haben, dass wir für Zuneigung und Liebe unwürdig sind, dann werden wir an der Zuneigung unserer Mitmenschen zweifeln.

Selbst, wenn wir diese innere Überzeugung noch nie in Worte gefasst haben. Sie erzeugt gedankliche Kinder: „Meint mein Partner das ernst?" „Ist das ein wirkliches Kompliment?" „Was will der von mir?"
Diese Gedanken fallen uns meistens leichter auf, da sie uns direkt beeinflussen. So kann es passieren, dass wir nach Beweisen und Argumenten suchen. Doch Liebe und Zuneigung lassen sich nicht beweisen.

Entweder wir haben Vertrauen. Oder wir werden nie völlig überzeugt sein. Wir können nach immer mehr Beweisen verlangen, ohne uns geliebt zu fühlen. Und der Muttergedanke bleibt im Hintergrund verborgen. Immerhin begleitet uns dieser Glaubenssatz schon so lange, dass er sich völlig normal anfühlt.

Unsere Überzeugungen sind die Mütter
für viele kleine Gedanken.

Wir können diese Überzeugungen Muttergedanken oder Primärgedanken nennen. Sie wirken in unserem gedanklichen Raum, auch wenn sie uns nicht bewusst sind. Zum Glück lassen sich diese Glaubenssätze und Überzeugungen finden. Durch achtsames Beobachten unseres Gedankenraumes lernen wir uns besser kennen. Wir erkennen, welchen Teil unserer Situation wir durch unser Denken mitverursachen. Das eröffnet uns die Möglichkeit, unsere Gedanken zu ändern.

Wir ändern unsere Muttergedanken
und ändern unser Leben.

ÜBUNG

Der gedankliche Raum

Nimm dir regelmäßig fünf Minuten Zeit. Setze dich entspannt hin und atme einige Male tief durch.

Schließe deine Augen und spüre deinen Körper, deine Gefühle und deine Gedanken. Dann beginne zu zählen.

Denke dir innerlich ganz klar „eins“. Du kannst dir auch die Ziffer „1“ als inneres Bild vorstellen. Dann lasse die „1“ los und mache eine Pause …

Denke ganz klar „2“ und stelle dir die Ziffer vor. Dann mache eine Pause …

Mache weiter bis „10“.

Beobachte dich beim Zählen. Bleibe ganz klar bei den Ziffern. Beginne bei jedem anderen Gedanken wieder bei „1“. Beobachte dich auch während der Pausen. Jede Ablenkung, auch gedanklich, lässt dich bei „1“ starten.

>

Tue gedanklich genau das, was du dir vorgenommen hast. Genieße die Übung mit einem Lächeln. Es geht nicht darum, besonders weit zu zählen. Mache es eher andersrum. Wenn du leicht bis zehn kommst, dann dehne die Pausen aus.

Beobachte, welche Gedanken sich beim Üben zeigen. Du wirst unterschiedliche Gedankenebenen beobachten können. So lernst du deinen persönlichen Gedankenraum kennen und entfaltest gleichzeitig deine gedankliche Kraft.

» Du lernst deinen Gedankenraum kennen und entfaltest deine mentale Kraft.

Der Beobachter

Was auch passiert,
ein Teil von uns bleibt klar und präsent.

Wir besitzen die Fähigkeit, uns selbst bewusst zu beobachten. Wir können unsere Erlebnisse von einem beobachtenden Standpunkt aus reflektieren. Dieser Bereich unseres Bewusstseins ist weder weiblich noch männlich, er reicht über die duale Welt hinaus.

Diesen Teil unseres Wesens können wir bewusst leben.

Die Ebene des beobachtenden Wahrnehmens steht uns immer zur Verfügung. In Achtsamkeit nutzen wir diese wahrnehmende Instanz und sie entfaltet ihre subtile und durchdringende Kraft in unserem Alltag. Das Geschenk des Lebens reicht weit über unsere materiellen Erfahrungen hinaus.

Nutze die Kraft der Achtsamkeit.

Natürlicher Fokus

Durch unseren Fokus bekommt
unser Leben Richtung.

Wenn uns Etwas besonders erscheint, dann liegt darauf auch unser Fokus. Uns auf ein interessantes Objekt zu fokussieren, ist eine natürliche Fähigkeit. Im Trubel des Alltags geht uns der Fokus manchmal verloren. Es ist genauso natürlich und leicht, sich ablenken zu lassen.

Die Kraft unseres Fokus ist sehr nützlich. Er erinnert uns, wo unsere Prioritäten liegen. So bleiben wir auch im Alltag auf unserem Weg. Wir bekommen im Leben täglich neue Angebote. Mit einem klaren Fokus erinnern wir uns, was für uns wichtig ist. Wir fokussieren uns auf unsere Idee vom Leben.

Wenn wir die Richtung unseres Fokus bestimmen, dann beeinflussen wir, womit wir unser Leben erfüllen. Es entsteht Raum für Fragen wie „Was ist jetzt für mich wichtig?“ „Was drückt mich jetzt zu 100% aus!?“. Den Fokus zu halten, lässt sich üben.

Halte deinen Fokus.
Lebe deine Vision.

ÜBUNG

„Auf dem Punkt sein"

Durch das „Zeigen auf den Punkt" entfaltest du einen natürlichen und entspannten Fokus.

Stelle dich locker hin und zeige mit ausgestrecktem Arm auf einen Punkt. Schaue auf diesen Punkt. Atme tief und langsam. Schließe dein Augen. Atme sieben mal tief durch. Halte mit geschlossenen Augen deinen Fokus auf dem Punkt deiner Wahl.

Öffne deine Augen und schaue auf den Punkt. Warst du die ganze Zeit fokussiert? Beobachte während der Übung deinen Körper, deine Gefühle und Gedanken. Was kommt, das kommt. Lasse dich nicht ablenken. Bleibe locker und atme weich weiter. Verbinde mit deinem Fokus eine lockere und klare Körperhaltung.

Beginne deine Praxis an einem ruhigen und ungestörten Ort. Wenn du deinen Fokus dort für drei Minuten halten kannst, dann übe an Orten mit Ablenkungen. Wenn du mit äußeren Zielen Erfahrung gesammelt hast, dann fokussiere dich auf Ideen für dein Leben. Richte deinen Fokus auf das innere Bild. Halte deinen Fokus über mehrere Atemzüge. Bleibe locker und klar.

Nutze deinen natürlichen Fokus.
Bringe die Sache auf den Punkt.

Innere Ruhe

Es wird ruhig und wir kommen an.

In unserem Alltag sind wir vielen Sinneseindrücken ausgesetzt. Manchmal werden wir regelrecht mit Reizen überflutet. Wenn wir dann schließlich in eine ruhige Situation kommen, kann es sein, dass wir trotzdem keine Ruhe erleben. Unsere Gedanken laufen weiter, wie der Hamster im Rad.

In ruhigen Momenten werden wir uns bewusst, dass unsere Gedanken immer weiter laufen. Selbst, wenn es außen ruhig wird, bleibt es innen laut. In den ersten Urlaubstagen kreisen unsere Gedanken manchmal weiter um unseren Alltag. Bis wir aussteigen und wirklich im Urlaub ankommen. Oder der innere Lärm macht sich bei unserer ersten Meditation unangenehm bemerkbar. Bis es ruhig wird und wir ankommen.

An diesem Punkt setzt sich der Staub des Alltags. Der Lärm der Gedanken verebbt. Wir kommen bei uns selbst an. Diese Erfahrung ist jeden Urlaub, jede Auszeit und jede Meditation wert.

Wohin wir auch gehen, wir nehmen unsere Innenwelt mit. Diese Innenwelt darf lebendig und kreativ sein. Das ist Teil unseres Wesens. Doch wenn wir wollen, dann können wir uns ruhige Momente kreieren. Mit bestimmten Übungen können wir jeden Tag einen gedanklichen Kurzurlaub machen.

ÜBUNG

Lauern

Das „Lauern" kannst du mitten im Alltag praktizieren. Schenke dir fünf Minuten für dich selbst.

Setze dich bequem hin. Wenn du möchtest, lockere dich durch einige Übungen und atme einige Male tief durch. Ein entspannter Körper beruhigt den Geist. Sitze da und beobachte deine Gedanken. Begib dich in eine wache und aufmerksame Grundhaltung.

>

Fange an zu „Lauern“. Welcher Gedanke kommt als nächstes? Es ist so, als wenn du dich hinter einer Ecke versteckst und wartest, wer zuerst um die Ecke kommt. Du bist ganz wach und beobachtest, was passiert.

Bleibe achtsam und schau nach innen. Denke nicht darüber nach, was wohl kommen mag. Schaue wach und aufmerksam hin. Manchmal kommen viele Gedanken um die Ecke. Meistens wird es durch das Lauern schon wesentlich ruhiger. Und manchmal kommt einfach kein Gedanke um die Ecke.

» Manchmal ist einfach kein Gedanke da.

Wenn ein Gedanke kommt, dann lasse ihn weiterziehen. Kehre in die lauernde Haltung zurück. Bleibe dabei locker und entspannt. Genieße deine Fähigkeit, Licht in deinen Gedankenraum zu bringen. Genieße die Fähigkeit, innerlich still zu werden. So, als würdest du gerade einen Sonnenuntergang genießen. Jeden Moment.

Lerne deinen Gedankenraum kennen.

Genieße die Bewegung und genieße die Ruhe.

Wunsch oder Bedürfnis

Machen deine Wünsche dich unglücklich oder glücklich?

Unser Intellekt ist sehr kreativ. Wenn wir uns einen Wunsch erfüllt haben, dann fallen uns mit Leichtigkeit zwei Neue ein. Diese Kreativität ist wunderbar, solange wir mit Freude von Wunsch zu Wunsch leben. Wünsche gehören zum schöpferischen Prozess.

Doch manchmal geben sich unsere Wünsche als etwas aus, was sie nicht sind. Als Bedürfnisse. Wir glauben, wir bräuchten Dieses oder Jenes, um glücklich zu sein. Damit bekommen diese Wünsche die Kraft, uns unglücklich zu machen. Das geschieht oft so subtil, dass wir es nicht bemerken. Uns entgeht, dass wir unser Glück an die Erfüllung äußerer Umstände binden. Damit schaffen wir selbst die Voraussetzung für das Unglücklichsein. Es lohnt sich, einen klaren Blick darauf zu werfen.

Wenn wir uns umschauen, dann brauchen wir zum „Glücklich – Sein" wirklich sehr wenig. Viele Dinge in unserem Leben sind zusätzlicher Luxus. Diesen Luxus können wir mit Freude annehmen und genießen. Doch er ist für ein erfülltes Leben nicht notwendig. Achtsamkeit bringt uns die Freiheit von eingebildeten Bedürfnissen.

ÜBUNG

Bedürfnisse abschütteln

Sammle deine aktuellen Wünsche. Schreibe alles auf, was dir einfällt. Die kleinen und die großen, die wichtigen und die nebensächlichen Wünsche. Genieße die Vielfalt deiner Ideen.

Lies dir deine Wunsch-Liste durch. Schau dir an, welche Wünsche in den Bereich der Bedürfnisse fallen. Erinnere dich dabei daran, was du wirklich grundlegend zum Leben brauchst. Essen, Trinken, Schlafen usw. Und dann schaue, welche Wünsche sich den zusätzlichen Annehmlichkeiten des Lebens widmen.

Schüttele jedes Bedürfnis ab, welches eigentlich eine Begierde ist. Sage laut und klar: „Du bist kein Bedürfnis, du bist ein Wunsch!" Nutze deine Wunschliste als Motivation und Orientierung für dein Leben. So, dass du dich selbst im Alltag daran erinnern kannst. Hänge sie an einen Ort, wo du sie regelmäßig siehst. Erinnere dich und finde praktische Schritte zur Erfüllung deiner Vision. Bleibe dir dabei über das Wesen deiner Wünsche bewusst. So helfen dir deine Ideen bei einem erfüllten und glücklichen Leben. Doch sie machen dich nicht unglücklich.

Und wenn ein neuer Wunsch geboren wird. Erkenne das Wesen dieses Wunsches. Wunsch oder Bedürfnis? So bist du auch glücklich, wenn noch nicht alle Wünsche erfüllt sind.

» Gönne dir die Freiheit, erfülle dir deine Wünsche. Sei auch mit unerfüllten Wünschen glücklich.

Raum für Wunder

Die Welt jenseits der Logik.
Das Universum der Wunder.

Unsere Wissenschaft hat sich in letzter Zeit völlig neue Räume erarbeitet. Auf dem Weg der Erforschung unserer Welt nähern sich Wissenschaft und Religion wieder an.

Die Wissenschaft findet Prozesse, die nur durch die Kraft unseres Beobachtens beeinflusst werden. Bewusstsein zeigt Wirkung. Hinter der festen physischen Erscheinung entdecken wir ein Universum der Wahrscheinlichkeiten. Die Welt ist nicht so, wie sie erscheint. Sie ist viel mehr. Und sie reagiert auf das, was wir glauben. Glauben zeigt Wirkung.

Wir haben uns auf den Weg gemacht, unsere Welt logisch zu erklären. Wir ordnen die Ereignisse in unserem Leben ein und bewerten sie. Doch alleine auf der logischen Ebene ist es uns nicht möglich, unsere Welt zu verstehen. Wir finden heraus, dass es viel mehr gibt, als wir logisch erklären können.

Über die logische Grenze hinaus können wir dem Leben die Freiheit schenken, so zu sein, wie es ist. Wir können ganz ohne Erklärung glücklich sein. Hier und jetzt.

ÜBUNG

Einfach so!

Schenke dir in dieser Woche immer wieder die Freiheit und tritt aus dem „logischen Raum“ heraus.

Wenn du etwas erlebst, erinnere dich, dass du nicht sagen kannst, welche Auswirkungen es haben wird. Du kannst es nicht mit Sicherheit voraussagen. Aber du kannst es erleben. Erinnere dich selbst durch kleine Anker. Sage zu dir selbst:

„Wer weiß, wofür das gut ist!“. „Das ist scheinbar ein Zufall, aber wer weiß?“ „Ich weiß nicht, warum das so ist. Es ist da. Einfach so!“

Wenn Etwas passiert, was du schlecht oder schrecklich findest. Erinnere dich an die Grenzen deines Blickwinkels. Lasse dir weiterhin Raum zum Aufregen oder zum Traurigsein. Sei ehrlich mit dir selbst. Aber höre auf, deine Emotionen logisch zu begründen. Du weißt schlicht und einfach nicht, warum und wieso die Dinge so passieren, wie sie passieren. Trotzdem kannst du sie gut oder schlecht finden. Ohne logischen Grund. „Einfach so.“

>

Gönne deinem Leben Raum für „einfach so!“ Gehe in eine Ausstellung, lasse dich „einfach so“ inspirieren. Höre dir Musik an, genieße die Klangwelt „einfach so“. Lese Gedichte „einfach so“. Oder dichte selbst eines. „Einfach so.“ Kunst ist eine Welt, die dich in die Welt jenseits der Logik führen kann. Dir gefällt ein Bild oder ein Gedicht. Ohne Begründung einfach so.

» „Mir gefällt das. Einfach so!“

Gehe bewusst einen Schritt aus der Welt der Begründungen heraus. Es wurden schon viele schreckliche Dinge mit den besten Gründen getan. Das macht es nicht besser. Logik kann nicht alle Bereiche deines Lebens ergründen. Aber du kannst es! Erlebe die wunderbare Vielfalt der unlogischen Welt.

Erlebe das Universum der Wunder.

Der Wunsch hinter dem Wunsch

Selbst die Erfüllung aller Wünsche
garantiert kein Glück.

Indem wir unsere schöpferischen Fähigkeiten nutzen, können wir viele unserer Wünsche im Leben umsetzen. Die Kraft der Konzentration, ein klares inneres Bild, die Wirkung konsequenter Handlungen lässt unsere Ideen Gestalt annehmen. Wir erfahren unsere eigene Schöpferkraft.

Viele Wünsche suggerieren gleichzeitig das Gefühl von Glück und Erfüllung. Das Erklimmen der Karriereleiter, ein eigenes Haus, Familie, Kinder. Doch die Erfüllung unserer Wünsche garantiert kein glückliches und erfülltes Leben. Oft erfüllen wir uns einen Wunsch, nur um zu erkennen, dass uns das Ziel nicht wirklich wichtig ist. Bei manchen Wünschen können wir sogar froh sein, wenn sie sich nicht erfüllen.

Wo liegt Erfüllung wirklich? Oft geht es bei unseren Wünschen um mehr. Wir wollen Qualitäten wie Bestätigung, Anerkennung, Zuneigung, Geborgenheit, Sicherheit erleben. Wenn wir auf die Wünsche hinter den Wünschen achten, nähern wir uns dem Kern der Dinge. Der liegt meistens nicht in der Erfüllung materieller Wünsche.

Widme dich dem Kern.

Wenn wir uns über den Kern unserer Wünsche klar werden, dann befreien wir uns von der Täuschung, dass der Wunsch das eigentlich Wichtige sei. Neben Erfahrungen wie Liebe, Geborgenheit und Anerkennung verblassen die scheinbaren Wünsche. Diese Erfahrungen können wir uns selbst schenken.

Es ist wichtig herauszufinden, worum es uns wirklich geht. Dann können wir es uns meistens auch erfüllen. Wenn wir es schaffen, uns selbst Anerkennung und Zuneigung zu geben, dann können wir sie auch von Außen annehmen. Wenn wir uns selbst Liebe und Geborgenheit gönnen, dann können wir sie auch mit unseren Mitmenschen erleben.

Schenke dir selbst, was du dir wirklich wünscht!

ÜBUNG

Der Wunsch hinter dem Wunsch

Widme dich in den nächsten Tagen deinen Wünschen. Nutze dafür die Projekte, die gerade aktuell sind. Erinnere dich jeden Tag an dein Ziel. Konzentriere dich auf dein inneres Bild. Gönne dir die Zeit, die du für eine klare Idee brauchst. Finde heraus, was dir zu 100% entspricht. Achte dabei darauf, wie du selbst sein willst.

Schaue dir deine innere Vision genau an. Was ist dein zentraler Wunsch? Welche Teile könntest du ohne wirklichen Verlust weglassen? Worauf kannst du verzichten? Was ist dir wirklich wichtig? Wie möchtest du selbst sein?

» Finde den Wunsch hinter dem Wunsch.

>

Finde heraus, was du wirklich willst. Ob du dich selbst auf eine bestimmte Weise erleben möchtest. Oder du Qualitäten wie Liebe, Anerkennung, Ablehnung, Macht, Ohnmacht, Kraft, Schwäche erfahren möchtest.

Achte auf die Möglichkeiten in deinem täglichen Leben. Bietet dir dein Leben die Chance, deine Idee zu erleben? Oft bietet uns das Leben die Erfüllung unserer Wünsche auf einem anderen Weg, als gedacht. Wenn ja, dann schenke dir selbst, was du dir wünscht.

Erinnere dich immer wieder an den essentiellen Teil deiner Wünsche. Finde den Weg, auf dem dein Herz lacht.

» Viel Freude beim Er-Leben deiner Wünsche.

Sein

Sind wir, was wir haben?

Sind wir, was wir tun?

Sind wir?

Sein.

Auf dem Weg durch den Alltag identifizieren wir uns mit vielen Dingen. Wir glauben, dass Besitz unser Da-Sein wertvoller macht. Wir identifizieren uns mit unserer Arbeit oder mit unserer Firma. Doch selbst, wenn das alles wegfällt, dann sind wir immer noch da. Unser Sein bleibt davon unberührt.

Dieses Wissen kann uns Kraft und Freude schenken. Glücklich-Sein mitten im Alltag!

Glücklich Sein.

So Sein

Hinter dem Schein findest du das Sein.

Wir identifizieren uns oft mit dem, was wir besitzen. Es entsteht der Eindruck: je mehr wir haben, um so mehr sind wir. Und so investieren wir unsere Lebenskraft in unsere Habseligkeiten. Wir haben Geld und versuchen noch mehr Geld zu verdienen. Wir haben Macht und wollen noch mehr Macht erlangen.

Sind wir das, was wir besitzen?

Auf diesem Weg bleibt manchmal auf der Strecke, wer wir wirklich sind. Wir haben nicht mehr genug Zeit, unseren Besitz zu benutzen. Geschweige denn, zu genießen. Wir haben nicht mehr den Überblick, um unsere Macht zu kontrollieren. Geschweige denn, darüber glücklich zu sein. Vor lauter Haben fehlt der Platz zum Sein.

ÜBUNG

„Ich bin"

Beschäftige dich in dieser Woche mit deiner Identifizierung. Nimm dir jeden Tag zehn Minuten Zeit und widme dich den Fragen:

> Bin ich, was ich habe? Bin ich, was ich tue?
> Bin ich, was ich denke? Bin ich einfach?

Versuche nicht, eine allgemeingültige Antwort zu finden. Finde deine Antwort. Beschränke dich nicht auf die Ebene der Worte und der Logik. Du bist mehr als nur Logik. Die Antwort über dein Sein kann nicht auf dieser Ebene gefunden werden. Meditiere über dein Sein.

Setze dich bequem hin. Atme ruhig und tief durch. Denke ganz locker „Ich bin!". Wiederhole diesen Gedanken ganz ungezwungen. Bleibe entspannt und klar. Meditiere so für 5 – 15 Minuten.

Du fokussierst dich auf die Aussage „Ich bin". Bleibe locker und atme tief weiter. Immer, wenn du abgelenkt wirst, kehre zu deinem „Ich bin" zurück. Komme dann ganz allmählich zurück in die Aktivität und behalte dein So-Sein im Bewusstsein.

> Gehe bewusst durch deinen Alltag.
> Erfülle dein Leben mit deinem So-Sein.

Einfach sein

Wir sind einfach.

Es gibt Momente in unserem Leben, in denen sind wir einfach da. Nach außen sieht das vielleicht so aus, als würden wir Tag-Träumen. Doch da sind nicht einmal Gedanken. Wir nehmen alles um uns herum war und sind mitten in diesem Moment da.

Da-Sein.

Jeder von uns kann in diesen Zustand gelangen. Doch wenn uns jemand fragt: „Was hast du denn gerade gemacht?" „Träumst du?" Dann ist es schwer in Worte zu fassen. Wir können sagen: „Ich war einfach da!" Doch was bedeuten diese Worte schon? Wir könnten uns in komplexen Beschreibungen versuchen. Doch das Da-Sein ist einfach.

Das Da-Sein ist einfach.

ÜBUNG

Verabredung mit dem Sein

Mache dir in dieser Woche täglich deine Verabredung mit dem Sein. Nimm dir 10 Minuten Zeit. Finde einen ruhigen Ort und mache es dir bequem. Atme locker und ruhig. Beobachte deinen Atem. Spüre deine Gefühle. Nimm deine Gedanken wahr. Immer, wenn deine Aufmerksamkeit wandert und es dir auffällt, komme zu deinem Atem zurück. Ganz locker.

Durch diese Art der Aufmerksamkeit bereitest du den Zustand der Meditation vor. So wie du dich zum Schlafen bereit machst. Doch der Schlaf und die Meditation kommen von alleine. Bei der Übung wird es passieren, dass du den Atem und deine Gedanken loslässt. Und du bist immer noch wach und klar. Das ist Meditation.

Dann bist du in Meditation. Bis wieder Gedanken kommen. Vielleicht denkst du: „Ohhh, das ist es also!" Und schon beginnen die Gedanken zu fließen. Dann lenke deinen Fokus auf deinen Atem. Du kannst auch das „Ich bin" denken. Atmen und „Ich bin". Manchmal wirst du viele Gedanken haben. Manchmal bist du für einige Zeit einfach da. Das ist in der Meditation wie im Leben. Halte an nichts fest.

>

In dieser Übung kann ein tiefer glücklicher Zustand entstehen. Wenn das passiert, dann genieße ihn. Aber versuche nicht, ihn herzustellen. Meditiere ohne Ziel. Widme dich täglich deinem So Sein. Ruhe dich danach fünf Minuten aus. Komme langsam in die Tätigkeiten des Alltags zurück. Du wirst bemerken, das du etwas aus dem So-Sein in deine Handlungen mitnimmst. Einfach so.

» Alles seinlassen, einfach sein.

Zufrieden Sein

Zufrieden sein.
Die Wunder des Lebens erkennen.

Obwohl es uns hilft, wenn wir uns Ziele setzen. Obwohl wir in unserem Alltag Schritt für Schritt unglaubliche Aufgaben bewältigen. Dieser Weg geht nie zu Ende. Hinter der nächsten Ecke wartet die nächste Herausforderung. Wir sind nie angekommen. Und trotzdem können wir zufrieden sein. Oder wir sind schon immer angekommen. Und deshalb können wir zufrieden sein.

Das Wesen des Lebens erkennen.
In Frieden sein.

Zufriedenheit wird in unserer Gesellschaft oft mit einer passiven „laissez faire" Haltung in Zusammenhang gebracht. Wir haben den Eindruck, wir könnten nur zufrieden sein, wenn alles erledigt ist. Dieser Moment kommt nie. Oder wir erlauben uns nur zufrieden zu sein, wenn wir gerade ein Ziel erreicht haben. Damit beschränken wir unseren inneren Frieden auf den kurzen Moment auf dem Gipfel. Den kurzen Moment in dünner Luft, bevor wir weitergehen.

Wir können auch auf dem Weg zufrieden sein. Jeden Augenblick unseres Lebens. Diese Zufriedenheit hilft uns, ganz und gar im Augenblick zu sein. Zufriedenheit unterstützt unsere Präsenz und hilft uns bei der Erfüllung unseres Lebens.

» Den Weg zufrieden gehen.

ÜBUNG

Zufrieden sein

Gönne dir in dieser Woche jeden Tag einen zufriedenen Moment. Nimm dir fünf Minuten Zeit und atme tief durch. Erinnere dich an einen kleinen Augenblick, in dem du etwas Schönes erlebt hast. Ein Lächeln, ein Lichtstrahl, eine Geste, ein Lied. Fühle die innere Zufriedenheit mit diesem Moment deines Lebens. Schenke dieser Zufriedenheit deine volle Aufmerksamkeit.

» Schenke der Zufriedenheit deine volle Aufmerksamkeit.

Nimm dieses zufriedene Gefühl mit in eine Atemübung. Atme ein und verteile das zufriedene Gefühl in deinem Körper. Schenke jeder Zelle deines Körpers ein zufriedenes Lächeln. Atme aus und lasse deine Zufriedenheit in deine Umgebung fließen. Atme ganz natürlich Zufriedenheit aus.

Wenn deine Gedanken dich ablenken und dir das auffällt, dann komme zuerst zu deinem Atemrhythmus zurück. Atme tief und langsam. Lege deine Zufriedenheit auf den Fluss deines Atems. Lass deinen Atem nach fünf Minuten los und spüre dein Sein. Dein Zufrieden-Sein. Nimm diesen Zustand mit in deinen Alltag. Es gibt immer etwas zu tun. Das ist das Wesen des Lebens. Du kannst dabei zufrieden sein.

» Bereichere dein Sein durch dein Zufrieden-Sein.

Meditation

» Meditation.
Da-Sein – egal was passiert.

In unserem Leben identifizieren wir uns oft mit unseren Erfolgen. Oder mit dem, was wir besitzen. Oder mit dem, was wir tun. Doch, wenn wir das alles weglassen, dann sind wir immer noch da. Selbst, wenn unsere äußeren Attribute wegfallen, wir sind noch da. Dieses Wissen kann uns eine große innere Ruhe schenken.

» Selbst, wenn außen alles wegfällt.
Wir sind immer noch da.

Fast jeder von uns kennt Momente, in denen die Gedanken aufhören und wir immer noch präsent sind.

Wir nehmen alles wahr. Aber wir denken nicht darüber nach. Wir ordnen nicht mehr zu und identifizieren uns auch nicht. Das kann beim Sport, beim Singen, beim Arbeiten, beim Abwaschen, beim Kartoffelschälen passieren. Manche kommen in diesem Zustand eher in Ruhe und andere in Aktivität.

Wir sind uns in diesen Momenten bewusst, dass wir jenseits von unseren Erfolgen, von unserem Körper, von unseren Gefühlen und Gedanken weiter existieren. Unser Wesen reicht darüber hinaus. Wir sind ganz klar und präsent. Diese Erfahrung kann uns in bewegten Zeiten ein stabiler Anker sein. Verankert im Sein. Dieser Zustand lässt sich mit Worten nur sehr unzureichend beschreiben. Deshalb lässt es sich auch schwer darüber sprechen. Aber es lässt sich erfahren.

Verankert im Sein.

ÜBUNG

Persönliche Meditation

» Finde jeden Tag deinen Weg zur Mitte.

Vielleicht gehst du laufen und fokussierst dich dabei voll auf dich selbst. Oder du nutzt die Möglichkeit der Atemstille, um dich auf dein inneres Wesen zu besinnen. Die Möglichkeiten, um in einen meditativen Zustand zu kommen, sind vielfältig. Wenn du dich für spezielle Meditationstechniken interessierst, dann besuche ein Seminar.

Finde deinen Weg zur Mitte. Praktiziere deine Art der Meditation regelmäßig. Investiere in deine Wurzeln. Vertiefe dein meditatives Wissen und deine Fähigkeit, auch im Sturm deine Mitte zu halten. Entfalte deine innere Kraft.

» Stärke deine Wurzeln.
Genieße deine innere Kraft.

Tod

Wer das Leben liebt, achtet den Tod.

Um unseren Herzweg erfüllt zu gehen, ist es wichtig, das Geschenk des Lebens in seiner ganzen Natur anzunehmen. Geburt – Lebenslauf – Tod.

In unserer Gesellschaft ist der Tod eine Art Tabu. Wir vergessen ihn gerne. Doch Tod ist auch Leben. Er ist integraler Teil unseres Seins. Es ist eine Hypothese, dass wir morgen wieder aufwachen. Es ist eine Annahme, dass wir unsere Lieben morgen wieder treffen. Wenn wir das verstehen, dann kommen wir dem Geheimnis des Lebens näher. Wenn wir den Tod als Teil des Lebens erkennen, machen Tod und Leben zusammen ganz anders Sinn.

Dieser Moment ist einzigartig!
Er kehrt nie zurück!

Wenn wir das verstehen, dann können wir vor Angst zittern. Aber nur, wenn wir an morgen denken. Wenn wir uns auf das „Hier und Jetzt" fokussieren, dann werden wir diesen einzigartigen Moment mit allen Sinnen genießen. Wir erleben das Geschenk des Lebens in voller Wachheit. Das Geschenk des Lebens existiert nicht ohne den Tod.

ÜBUNG

Den Augenblick schätzen

Gib dir Zeit für das Wesen deines Lebens. Nutze dafür dein Morgenritual. Mache dir eine Tasse Tee oder Kaffee. Erinnere dich daran, dass dieser Tag einzigartig ist. Beantworte dir selbst die Frage:

„Wenn ich kurz vor meinem Tod auf mein Leben zurückblicke. Was will ich alles getan haben? Wofür sollen mich meine Mitmenschen erinnern?" „Wenn ich nur noch ein Jahr zu leben hätte? Wenn ich nur noch einen Monat ... eine Woche ... einen Tag zu leben hätte? Was wäre mir wirklich wichtig?!" „Was ist heute wirklich wichtig für mich?!"

Finde deine Antwort. Mache den Tod zu deinem Freund. Erinnere dich an die Einzigartigkeit des Momentes. Achte an diesem Tag darauf, deinen persönlichen Weg zu gehen. Erfülle diesen Tag mit deiner Idee vom Leben. Mache diesen Tag zum schönsten Tag in deinem Leben.

» Mache den Tod zu deinem Freund.
Mache diesen Tag zum schönsten Tag
deines Lebens.

Der kleine Tod

*Um wirklich zu leben,
müssen wir täglich sterben.*

Auf dem Weg durch unser Leben müssen wir uns immer wieder verabschieden. Wir kommen in eine neue Lebensphase, verabschieden gewohnte Orte, Menschen und Situationen.

Bei geliebten Gewohnheiten fällt uns dieser Abschied schwerer als bei ungeliebten. Diese kleinen Tode gehören zum Weg unseres Lebens.

Zum Weg des Lebens gehört der kleine Tod.

Ohne den kleinen Tod sind wir nicht frei für unseren nächsten Schritt. Und wir behindern auch unsere Umwelt bei ihrer Entwicklung.
Zur Freiheit des Lebens gehört auch der Abschied von gewohnten Situationen, um neuen Momenten Platz zu machen. Wenn wir dieses Geheimnis verstehen und den Tod akzeptieren, dann kennen wir einen Schlüssel für ein glückliches Leben.

Verabschiede Dich und komme zurück.

ÜBUNG

Der kleine Tod

Nimm dir in dieser Woche bewusst Zeit, den kleinen Tod in deinem Leben zu begrüßen.

Mache diese Übung nur, wenn du dich gut fühlst. Finde einen ruhigen geschützten Raum. Nimm dir eine Stunde Zeit. Lege dich bequem hin und verabschiede dich für 15 Minuten von der äußeren Welt. Du liegst da und praktizierst den kleinen Tod. Du reagierst einfach nicht mehr auf deine Umwelt. Wenn das Telefon klingelt, wenn dich eine Fliege nervt, wenn deine Körperstellung unbequem wird. Du bleibst regungslos.

» Praktiziere den kleinen Tod.

Diese Körperhaltung ist die Basis für deine Übung. Die Essenz ist ein achtsames Bewusstsein. Bleibe klar und bewusst. Wovon müsstest du dich verabschieden, wenn du deinen Körper heute verlässt? Was würdest du vermissen? Beobachte deine Gedanken und Gefühle. Übe den kleinen Tod und werde dir bewusst, was dir das Leben bedeutet. Schon 15 Minuten ermöglichen eine kraftvolle Erfahrung.

>

Komme langsam wieder in die Bewegung. Bewege sanft deine Hände und Füße. Strecke dich und recke dich. Nimm deinen Körper bewusst wahr. Lasse dir Zeit und komme gemächlich zurück in die Aktivitäten deines Alltags. Ein guter Zeitpunkt für diese Übung ist der Nachmittag. Am Abend besteht die Gefahr einzuschlafen. Klare Achtsamkeit ist die Essenz für den kleinen Tod.

» Der kleine Tod, Schlüssel für ein glückliches Leben.

Nachwort

Vielen Dank für deine Aufmerksamkeit. Wenn du inspiriert bist, dann teile deine Erfahrungen mit deinen Mitmenschen. Gelebtes Wissen ist kraftvolles Wissen!

An dieser Stelle meinen Dank an meine Begleiterinnen und Begleiter. Viele Erfahrungen im Leben können wir nicht alleine machen. Ich probiere die Ideen in meinem Alltag aus und bin dankbar, meine Erlebnisse mit meinen Mitmenschen zu teilen. Das ist wahrer Reichtum.

Vielen Dank

Niemand geht seinen Weg einsam und allein. So ist auch dieses Buch ein Ergebnis der Zusammenarbeit. Dafür danke ich!

Vielen Dank an meine Familie und meine Freunde!
Vielen Dank an das step2team (*www.step2team.de*). Es ist wunderbar, dass die Ideen eine so passende Form gefunden haben!
Vielen Dank an meine Lehrer, Übungspartner und Schüler.
Danke für die gemeinsamen Erfahrungen bei Egnoka (Berlin), im Thuja - Gesundheitszentrum (Berlin), im „Hic et nunc" Centrum (Berlin), im Mahananda – Zentrum (Falkensee) und im Yoveda – Yoga und Seminarzentrum (Schondorf am Ammersee). Mögen die Ideen in diesem Buch viele Menschen genauso inspirieren wie uns.

Vielen Dank an Katharina Ranftl (*www.montagsfiguren.de*) für die schönen Bilder ihrer Skulpturen und an Hjalmar Bouloudnine (*www.hjalmart.de*) für das Foto von unseren CD Aufnahmen.
Vielen Dank an Andrea Wilkening für die aufmerksame Korrektur.

Über den Autor

Kay Sebastian Frohnert ist seit über 20 Jahren als Seminarleiter für Kampfkunst, Qi Gong, Yoga, Mentaltraining und praktische Lebenskunst tätig.

Das zentrale Thema seiner Kurse und Seminare ist ein erfülltes Leben. Dabei geht es um einfache und praktische Ideen, die auch im Alltag funktionieren. Ob im Berufsleben oder in der Bewegungsarbeit – als gelernter Bankkaufmann, Kampfkunstmeister und Yogalehrer greift Kay Sebastian Frohnert auf einen reichen Erfahrungsschatz zurück.

Kay Sebastian Frohnert lebt in Bayern und leitet Seminare in Chimove, Chi Kempo, Yoga und Qi Gong.

Wenn du die Ideen und Übungen aus diesem Buch zusammen mit mir erleben oder mehr über mich erfahren möchtest, dann informiere dich unter www.chimove.de über Kurse, Seminare oder persönliche Termine.

Impressum

www.leuchtfeuerverlag.de
kontakt@leuchtfeuerverlag.de

Layout und Gesamtproduktion:
step2team Werbeagentur

Printed in Germany

ISBN: 978-3-9815894-0-5